歓喜と絶望のオリンピック名勝負物語

二宮清純

廣済堂新書

歓喜と絶望のオリンピック名勝負物語

目次

PART3

２０００年代――シドニー、アテネ、北京

PROLOGUE

オリンピックは「ジャパン・イノベーション」の場だった

回転レシーブ、月面宙返り……世界が仰天した日本の独創技術

技術立国ニッポン。それはスポーツの世界も例外ではない。過去の五輪を振り返っても、日本のチームや選手が世界を驚かせた時、そこには必ず技術面、戦術面で画期をなすイノベーションがあった。

1964年の東京五輪で、スポーツ中継としては歴代最高のテレビ視聴率が刻まれた。女子バレーボール日本代表（東洋の魔女）が金メダルを獲得した決勝・ソ連戦（NHK）の66・8％である。

東洋の魔女には、世界のどのチームも有していないオンリーワンの武器があった。大松博文監督が考案した〝回転レシーブ〟である。玩具の〝起き上がり小法師〟に想を得たとも、柔道の受け身をヒントにしたとも言われている。

大松と言えば、自著のタイトルにもなった『おれについてこい！』（講談社）という言葉に代表されるようにスパルタ式指導で有名だが、単なる強権的な指導だけでは選手たちはついてこなかっただろう。独創的なアイデアとそれを具現化するプランがチームを世界一に押し上げたのだ。

体操では68年メキシコ、72年ミュンヘン、76年モントリオールと3大会連続で五輪に出場し、金メダル5つを含む、計9個のメダルを獲得した塚原光男の鉄棒の演技が忘れられない。

ミュンヘン五輪では団体と鉄棒で、2つの金メダルを胸に飾った。まるで無重力の空間を浮遊しているような演技は〝月面宙返り〟と呼ばれた。

正式名称は「後方かかえ込み2回宙返り1回ひねり下り」。舌を嚙みそうなC難度の技は、遊び心から生まれた。

塚原は語った。

「ミュンヘン五輪のちょっと前です。23歳の時でした。僕は空中感覚が苦手だったので、トランポリンを使って準備運動を行っていました。

当時、大学にまだ正式なトランポリン部員はいなかった。皆、遊び感覚でやっていたのですが、中には変なことをするヤツもいた。空中で回りながら、体をひねって下りてくる。その頃、体操の世界では『回る』と『ひねる』は、はっきり分かれていて、回りながらひねるという技はなかった。しかしトランポリンの世界にはハーフインハーフアウトという技があった。よし、これを取り入れてみようと……」

聞けば、塚原は少年の頃から「好奇心のかたまり」だった。「人ができないことをやるのが体操」だと思っていた。生来のイノベーティブな精神が金字塔を打ち立てたのである。

極限の肉体イノベーション

冬のオリンピックでは1998年長野五輪スピードスケート500mで金メダルを獲得した清水宏保の〝ロケットスタート〟が印象に残る。

スピードスケートの500mは、文字通り100分の1秒を争う究極のタイムレースである。距離にすると1・5センチ。1円玉の直径にも満たないため、スタートの出遅れは致命傷となる。

清水によると「ピストルの音を聞いて反応していたのでは遅い」のだという。

「僕はスターターがピストルの引き金を引く音を聞き取ってスタートするんだ、という意識でいました。聞くというより、感じるといった方が正しいのかもしれません。大事なのは、スターターとの間合い。長野ではこれがピッタリ合いました」

1998年2月10日、長野市エムウェーブ。前日の1回目で35秒76の五輪新記録を叩き出してトップに立った清水は、2回目もスタートから飛び出した。

念を押すが、清水が聞き取ろうとしたのは「パン」というピストルの空砲ではない。「引き金を引く音」である。その一点に全神経を集中させたのだ。

備えあれば憂いなし。清水は大会前から「音に筋肉を反応させるトレーニング」を積んでいた。

「何か音が鳴れば、部分的に筋肉を動かす。身体全体を反応させるのは無理ですから。たとえば僕の場合、大腿四頭筋だけをビクッと動かす。そうすることで頭の中で〝動かそう〟と考えてから行動に移る際のタイムラグを少しずつ削っていったんです」

スタートからゴールまで完璧なパフォーマンスを披露した2日目の清水のタイムは35秒59。2日間の合計タイムを1分11秒35とし、2位のジェレミー・ウォザースプーン（カナダ）以下を全く寄せつけなかった。

ピストルの音に反応するのではなく、引き金を引く音に耳をそばだて、瞬時に反応する。その初動を大腿四頭筋に担当させる。こうした人体のメカニズムを、清水は自らの経験や医学的な知見を動員しながら精緻の領域にまで引き上げていったのである。日本スケート界悲願の金メダルは、たゆまざるイノベーションの到達点でもあった。

オリンピックだから生まれた〝修羅場の企み〟

戦術的なイノベーションとしては、88年ソウル五輪での鈴木大地の〝修羅場の企み〟をあげないわけにはいかない。

男子100m背泳ぎ決勝。鈴木は3コースに入った。4コースは世界記録保持者デビッド・バーコフ（カナダ）、5コースには元世界記録保持者のイゴール・ポリャンスキー（ソ連）。鈴木の評価は3番手だった。

秘策の全容が明らかになるのは、スタートして15秒ほど経ってからだ。25メートル付近、まずポリャンスキーが水面に出た。いつもなら、この距離で浮かび上がってくる鈴木は、となりのバーコフとともにまだ潜ったままだ。

通常、鈴木はタイムにして12秒、水中でのキック数21回で25メートル付近に浮上する。そのことは当然、ライバルも知っていた。

ところが、バーコフが予選で世界新記録を出したことにより、鈴木はルーティンの変更を迫られる。21回のバサロを27回に増やし、30メートル付近まで潜る――いわばBプランの実行である。

これが図に当たった。35メートル付近で浮上してきた4コースのバーコフの目線からすれば、3コースの鈴木の浮上位置は左前方になる。泳ぎながら、目で確認することができる。

ところが、その位置、つまり左前方に鈴木はいない。30メートル付近で浮上し、自らに迫ってきているのだ。ターンした時には、その差は「体半分くらい」にまで縮まっていた。

鈴木は、これまでの対戦から「バーコフは精神面が強くない」と踏んでいた。浮上位置の変更は、バーコフに精神的な揺さぶりをかけるものだった。その結果、鈴木は残り5メートルで2人に並び、逆転した。米ソ両大国（当時）のエリートを両脇に従えた表彰台でのスリーショットは、日本人に自信と勇気を与えるものだった。

このように五輪での日本人の活躍は、国民に精神浮揚効果をもたらせる。それは数値に変換できないものである。

PART1

1980年代

――モスクワ、ロサンゼルス、ソウル

1980

モスクワ・オリンピック

旧ソ連のアフガニスタン侵攻を受け、西側主要諸国がボイコットしたモスクワ五輪。金メダルの有力候補だった山下泰裕、高田裕司らが涙で出場を訴えるも日本の参加はならなかった。マラソンは表彰台を独占の期待がかかっていた。

消えたモスクワ五輪──瀬古利彦・宗茂

幻となった1980年のモスクワ五輪。このときもし、マラソン代表の3人、瀬古利彦、宗茂、宗猛が出場していたら、表彰台独占も夢ではなかっただろうと言われる。伝説の選考レースを振り返る。

二宮　79年12月2日に行われた福岡国際マラソンは、翌80年のモスクワ五輪の代表選考会も兼ねていました。宗茂さん、猛さんの双子の兄弟がリードしていた日本マラソン界に、スピードを武器にした瀬古さんという若きスターが現れた。瀬古さんは前年の福岡国際も制しており、かつてないほどの注目が集まりました。

宗茂　私は76年のモントリオール五輪に出場しましたが、20位に終わり、悔しい思いをした。それ以降、兄弟でモスクワに出場することを最大の目標とし、すべてのことをやってきました。あのレースはその集大成でした。

二宮　瀬古さんと宗兄弟の初対決は、その2年前にさかのぼります。77年の福岡国際で対決し、2回目のマラソンだった瀬古さんが日本人トップの5位。一方、猛さんは9位、茂さんは52位とふるわず、瀬古さんに軍配が上がりました。

宗茂　このレースで瀬古さんに負けて、「これからは瀬古と勝負だ」という気持ちになりました。

瀬古　僕は大学に入った76年からお二人のことは意識していました。その年、日本のトップ選手の合宿に同行した中村（清）監督（早大）から「宗兄弟はすごいぞ。きっと2年後ぐらいにものすごい記録を出すぞ」と言われたのです。

二宮　その予言通り、茂さんは78年2月の別府大分毎日マラソンで日本人初のサブテン（2時間10分以内で走ること）を達成。優勝タイムの2時間9分5秒6は、当時、世界歴代2位の好タイムでした。一方で、同じ78年の12月に行われた福岡国際では瀬古さんが優勝、茂さんは惜しくも3位、猛さんは15位。ハイレベルな競争が続きました。

宗茂　瀬古さんは東京、僕らは宮崎で練習していましたから相手が見えません。特に瀬古さんに関しては、中村監督が鉄のカーテンを引いていたので、まったく情報が入ってきませんでした。だから、「あいつは今頃ものすごい練習をやっているはずだ」と想像し、気持ちを奮い立たせて、練習に取り組んでいましたね。

実は不調だった代表選考レース

瀬古　僕も同じでした。東京に冷たい雨が降った冬のことです。翌日は晴れの予報だったので、その日に予定していた40㎞走を、「明日じゃダメですか?」と、中村監督に尋ねたことがありました。すると、中村監督は、「天気予報では宮崎は晴れているぞ。宗兄弟は今日40㎞を走っているかもしれない」とピシャリ。いつも二人を意識して、練習していました。

また、中村監督からは宗さんたちと話すことも禁止されていました。「おまえが何を考えているのかわからないような状況にしておきなさい」と。

二宮　舞台裏では、そんな心理戦もあったんですね。

宗茂　中村監督は、明るくおしゃべりな瀬古さんの本来の姿を見せず、カリスマ性を高めることが狙いだったのでしょう。

二宮　当時、瀬古さんには求道者や修行僧のイメージがありました。マスコミに対しても、あまり多くを語らなかった。

瀬古　中村監督から「余計なことはしゃべるな」と釘を刺されていました。

二宮　そうしてお互いに切磋琢磨しながら、世界で戦える力をつけていったわけですね。そして、いよいよ79年の福岡国際を迎えます。

瀬古　実は試合近くまで練習をし過ぎてしまい、レース当日は絶不調だったんです。呼吸をすると、息がスッと入っていかず、詰まるような感じがありました。調子が悪いといつもそうなるのです。

宗茂　体調が悪かったのは私も同じです。本番の４日前に最終調整をやったところ、体が動かず、15㎞やる予定を10㎞で止めてしまいました。

二宮　猛さんの調子はどうだったのですか？

宗茂　弟は絶好調でした。直前の調整でも予定通り15㎞を45分ぐらいでスッと走りました。

二宮　瀬古さんと茂さんの二人は調子が悪く、猛さんだけが好調だったわけですね。

宗茂　はい。ただ、助かったのは、当時はペースメーカーがおらずスタートから駆け引きができたことです。調子が悪いときにハイペースの展開になったら対応できません。だから、いったん自分が先頭に立ってペースを落とし、それから集団に下がるというレースプランで臨みました。私は自分でレースを作っていくということをよくやっていましたから、誰も私の前に出ようとしなかった。

瀬古　私も調子が悪かったので、茂さんがスタートから飛ばした前年のようなレースになったら困るなと思っていました。「ゆっくり行ってくれ」と願っていたら、その通りの展開になったので本当にラッキーでした。

宗茂　あのときの調子で5㎞15分ペースは厳しいが、15分30秒ペースならば大丈夫だろうと想定していました。実際、10㎞を30分58秒で通過できた。

二宮　そのスローペースの中、予想通り15㎞付近で大久保初男選手が抜け出しました。

瀬古　はい。大久保選手は他のレースでも前半飛び出して失速していたので、「そのうち落ちてくるだろう」と気にはなりませんでした。

二宮　当時、日本記録は茂さんが持っていましたが、瀬古さんから見て、茂さんと猛さんのどちらが、より強いと考えていましたか？

瀬古　両方強いと思っていましたよ。しかも、こちらは1人で戦わなくてはいけないが、そちらは二人。心理的にもこの差は非常に大きい。ただ、普段から練習をこなせるのは猛さんのほうだと聞いていたので、最後まで残っていたら猛さんが怖いなと思っていました。

宗茂　ええ。自分は肉体的なスタミナはあるのですが、精神的なスタミナが欠けていた。弟はその両方を兼ね備えていました。

二宮　大久保選手が24kmで先頭集団に吸収されると、今度は有力選手の一人だった伊藤国光選手が30km付近で飛び出します。

宗茂　スパートには、勝負に出るスパートと、苦しいから我慢できなくなって飛び出すスパートがあります。この時の伊藤選手のスパートは後者だと思いましたので、無理に追いかけることはしませんでした。

二宮　そういうときは、近くを走る選手の表情をうかがったり、呼吸音を聞いたりして、相手の状態を探ると聞きます。

瀬古　ええ。たとえば、茂さんと猛さんは双子の兄弟でも、呼吸の仕方が少し違います。茂さんは意外と静かですけれど、猛さんは呼吸が荒いんですよ。その呼吸を聞きながら調子をうかがっていました。

もし、モスクワ五輪に出ていたら……

二宮　35㎞手前で武富豊選手、その直後に伊藤選手が脱落。ついに日本人選手は、瀬古さんと宗さん兄弟の３人になりました。そして、40㎞を過ぎると満を持して猛さんがスパート。粘っていた英国のバーニー・フォード選手も遅れて優勝は３人の争いに絞られました。

瀬古　一気に30ｍぐらい離され、「やられた」と思いました。正直、「３番狙いかな」と覚悟した。

宗茂　瀬古さんが離れていったとき「瀬古も苦しいんだ。猛がこのまま逃げ切るな」と思いました。私も肉体的に限界でしたが、懸命に前を追い、なんとか弟に追いつきました。すると猛が「もう目一杯だから、前に行ってくれ」と言うんです。しかし、私も弟に追いつくのが精一杯だったので、「いや、俺も行けない」と答えたんです。すると、いったん離れた瀬古さんが追いついてきた。

瀬古　二人が同時に私のほうを振り向いたんです。それを見て、「俺もきついけれど、前もきついな。ちょっと我慢していたらまだチャンスがあるぞ」と息を吹き返しました。

二宮　自分に余裕がなくなってきているから、しんどいと、つい相手を見てしまう。

瀬古　そうです。後ろを振り返るのはしんどいときが多い。あの状況で二人とも振り返ったということは、二人とも足に疲れがきていると直感した。

宗茂　競技場に入る手前の坂で瀬古さんに追いつかれたときは負けを覚悟しました。瀬古さんは絶対的なスピードを持っていたので、トラック勝負になったら厳しいことはわかっていましたからね。グラウンドに入ったときの大歓声はいまでも忘れられません。

二宮　競技場には猛さんを先頭に、3人がなだれ込むように入ってきました。そして、残り200mから瀬古さんがスパートし、必死に食い下がる二人を振り切って、そのまま先頭でゴール。2秒差で茂さん、さらに、3秒差で猛さんが続いた。

瀬古　「スピードでは負けない」という自信がありましたから、二人に追いついた時点で「勝った」と思いました。でも、本当に苦しかった。マラソンは最後まで諦めちゃいけないということを教えられたレースでした。

宗茂　レース後は、弟と抱き合って喜びました。五輪出場という第一の目標を達成したことがなによりうれしかったのです。ただ、振り返ってみると、あのとき弟がもっと早めにスパートして逃げていたら、たぶん結果は違っていたでしょうね。

瀬古　ええ。30㎞過ぎでスパートされていたら、ついていけなかったと思います。調子のいいときにスローペースで走らされると、イライラしてスタミナを消耗してしまいます。あのときの猛さんもそのパターンにはまったと思う。

宗茂　やっぱり代表選考レースだから失敗できないんですよ。ましてや弟は3年前のモントリオール五輪の代表選考レースで失敗していたので、すごく慎重になっていました。

二宮　しかし、レース後、ソ連がアフガニスタンに侵攻。結局、日本はモスクワ五輪をボイコットすることになり、内定した代表の座は幻となってしまいました。その後も3人は80年や83年の福岡国際などで激闘を繰り広げ、84年のロサンゼルス五輪にも揃って出場します。ただ、タラレバの話ですが、もし3人がモスクワ五輪に出ていたらメダル2つぐらいは獲れたような気がします。

宗茂　メダルを獲れたかどうかはわかりませんが、もしモスクワ五輪に出場していたら、ロス五輪の結果は違っていたでしょう。ロスでは3人が3人とも暑い中で練習をやり過ぎて、疲労困憊の状態でレースをした結果、失敗しました（猛が4位、瀬古が14位、茂が17位）。モスクワを経験していれば、あんな失敗はしなかった。それだけは自信を持って言えます。

瀬古　マラソンを自由自在に走れた時期でしたし、79年のあのレースで苦しい思いをしたので、もしモスクワに出場できたらたぶん絶好調だったと思います。出場できなかったことで、歯車が狂ってしまいました。

宗茂　当時の瀬古さんは、「瀬古が勝たないで誰が勝つんだ」というぐらい強かった。でも、結局、オリンピックの女神は降りてきませんでしたね。

二宮　それでも瀬古さんは70年代後半から80年代の後半まで日本のマラソン界を牽引しました。これだけ息の長い選手はもう出てこないような気がします。

瀬古　最大のライバルであり、目標だった宗さんたちがいたから自分がある。いま振り返って、そう思います。お二人には本当に感謝しています。

1984 ロサンゼルス・オリンピック

初の商業オリンピックと言われたロサンゼルス五輪。公開競技とはいえ、野球は米国の国技である。金メダル獲得を義務づけられたホスト国の前に立ちはだかったのが、キューバのボイコットにより一度は失っていた出場権を得た日本だった。

奇跡の金メダル――野球チーム

「しまった!」

乾いた打球音がスタジアムにこだました瞬間、広沢克己は無造作にバットを放り投げた。外野フライだと信じ込み、打球の行方を無視して走り始めた。

球場全体の様子がおかしいと気づいたのは、セカンドベースに達しかけたときだった。何気なく外野スタンドに目をやると観客が波打っている。「エッ、ホントか⁉」と広沢は我が目を疑った。

半信半疑のままサードベースを回ると、コーチの鈴木義信が抱きついてきた。鬼コーチの目に薄っすらと涙が浮かんでいる。「こんなことされたら、ホームラン取り消されるやないかァ」と咄嗟に思い、寄りすがる鈴木コーチの両手を振りほどいた。ホームベースまでの距離がやたらと長く感じられた。

広沢の回想。

「3対1で日本のリード。8回表2死一、三塁の場面。2点差ならまだわからないけど、4対1になれば勝てる。そう思っていたんです。だから、とにかくヒットを打とう、ショートの頭を越そうと。フライが上がった瞬間は万事休すだと思いました。まさかあんなに飛んでいるなんて、夢にも思わなかった。いまだに信じられない思いが強いですよ」

打球はスタジアムの左中間スタンド中段に突き刺さる特大の一撃だった。当時の記録によると420フィート、約123mも飛んだことになる。勝利を決定づける値千金のスリーランホームランとなった。

1984年8月7日、ドジャースタジアム。ロス五輪決勝。公開競技とはいえ、日本は後に11名のドラフト1位選手を輩出する最強の全米チームを6対3で破り、奇跡の金メダルを獲得した。

表彰式では20名の日本人選手に、ファン・アントニオ・サマランチIOC会長から直々に金メダルが贈られた。超満員のドジャースタジアムのメインポールには日の丸が揚がり、君が代が吹奏された。

「長い野球生活の中でも、こんな感激を味わったのは初めてのことでした」

日本代表を指揮した松永怜一は感慨深げに振り返り、会心の表情をつくった。誰よりも金メダルに執念を燃やしていたのは、他ならぬ監督の松永自身だった。

「オリンピックという晴れ舞台。しかも、このロス大会は近い将来、野球が正式種目になるためのステップとして位置付けられていた。ドジャースのピーター・オマリー会長も〝野球が世界中で盛んになるための節目の大会〟と公言されていましたしね。だからこれは何としてもいい結果を出したいと。いやそれ以上に無限の可能性に挑戦する喜びとやり甲斐が私にはありました。選手の平均年齢が22・5歳と若く、技術は未熟でも若さと闘争心がチームにみなぎっていた」

日本のロス五輪出場は、実は開幕の2カ月前、キューバの出場ボイコットにより急転直下、決定したものだった。日本野球連盟の山本英一郎副会長から「松永君、キミにロス五輪全日本チームの監督をやってもらうことになった。いいね」という、なかば強制的な打診があった時、開幕までの日々は1カ月を切っていた。

松永は急遽、社会人13名、学生7名からなる混成のナショナルチームを結成した。そしてチーム力を引き上げるため、4度にわたる強化合宿を組んだ。1次は目的意識の徹底、2次は基本の反復、3次になってやっとチームプレーを整備するためのオープン戦が組まれた。出発直前の4次は総仕上げである。

松永の述懐。

「2次と3次の強化合宿では、ある企業の厚意で独身寮を使わせてもらったんですが、寝るのは6畳間に3人ずつ。真夏だというのに冷房もないんです。洗面器に入れた蚊取器がひとつあったでしょうか。陣中見舞いにきたある監督は、オリンピックに出るチームがこんなところで……と言って驚いていました。日中は猛練習。むし暑くても、寝ないと体がもたない。選手は不平ひとつ言わずに耐えてくれました」

早く終わることを祈っていた広沢

松永にとって心配のタネは、日米大学選手権のため一足早く渡米していた学生の代表メンバーのことだった。7名の学生たちは13名の社会人選手たちと一度も強化合宿で行動をともにしたことはなかった。

しかもアメリカチームに1勝6敗と負け越してしまったことで、松永の脳裏には「アイツら、自信を失っていやしないだろうか」という不安がよぎった。アメリカの大学チームはロス五輪の代表チームでもあったからだ。

学生時代の記憶をたどりながら、広沢は語る。

「全日本チームに加わってみて、いやもうびっくりしましたよ。こっちはアメリカとの実力の違いを思い知らされて〝オリンピックは思い出でいいや〟くらいにしか思っていないのに、松永さんを筆頭に社会人の選手たちは全員、目がつり上がっているんです。ぼくたち学生は全日本チームに加わるまでの3日間、ソフトボールとかやって、和気あいあいの気分だったんですから。

ところが、松永さんや社会人の選手たちは冗談ひとつ言わず、ただ黙々と練習に取り組んでいる。鈴木コーチには〝キミらは日本代表、責任ある立場なんだ。チャラチャラしちゃいかん〟なんて叱られてしまいましたよ。

ぼくはもう、ただひたすら大会が早く終わることを祈っていた。終われば二度と松永さんに会うこともないわけですからね。大会期間中は毎日、夜の1時まで素振りをしました。やらないと怒られるからやったんです。松永さんには〝なぜオレはこんなに怒られんといかんのや〟といいたくなるくらい怒られましたよ」

山本英一郎団長と松永は、金メダルをとるためには、広沢の長打力が大きなカギを握ると早くから考えていた。ところが日米大学野球で広沢はすっかりフォームを崩してしまい、クリーンアップを任せられる状態にはなかった。

そこで、山本から明大の島岡吉郎監督に国際電話をかけてもらい、「広沢が打てるようになるなら、どのように直しても構わない」という許可をとりつけ、松永はフォームの改造に取りかかった。インパクトの前のアウトステップを矯正し、センター返しを徹底的にたたき込んだ。ロスでは40度を超える炎天下の中、ひとり居残りでのティーバッティングを命じた。

広沢は振り返る。

「もうガンガン叱られました。〝この振り回すだけのデブが〟とか〝4年になってあぐらかいているから、ブクブク太りやがったんだ！〟とかケチョンケチョンでしたよ。〝オイ学生、オマエらは邪魔者なんだ〟と怒鳴られた時には、本当に居場所がなかったですよ」

もっとも、このフォーム改造はプラスに働いた。広沢は8番、6番、5番と徐々に打順を上げていき、準決勝の台湾戦ではエースの郭泰源をマウンドから引きずりおろすきっかけとなるピッチャー強襲ライナーを放った。決勝のアメリカ戦でのスリーランホームランは、日米大学選手権でからっきし打てなかったジョン・フーバーから奪ったものだった。ウィル・クラークやマーク・マグワイアら、後に大リーグで大活躍する選手たちに混じって、広沢は〝和製大砲〟ぶりをいかんなく発揮した。

その広沢には忘れられない思い出がある。優勝後、宿舎で簡単な慰労会が催され、松永は選手全員と握手をかわした。この席で、広沢は「ナイス・バッティング」と松永に褒められ、両手を強く握りしめられた。

「辛かった思い出が、この一瞬で全てパッと吹っ飛んでしまいました」

噛みしめるような口調で、広沢は語った。

先に世界に目を向けたのはプロよりアマだった

勝つためには、心身ともに強い選手を育てるべきだ。国際舞台での屈辱を通じて、松永が痛感したことだ。

それにしても、なぜ松永はこれほどまでに国際大会の勝利にこだわったのか。苦い記憶はロス五輪の7年前のインターコンチネンタル大会で刻印された。ニカラグアで開かれたこの大会で、松永は初めて日本代表を指揮し、屈辱にまみれた。いかにして心身ともに強い選手を育て、世界の野球強国とわたりあうか。以来、これが野球人・松永の「永遠のテーマ」となった。野球観の根幹を占めるようになる。

再び松永の述懐。

「あれはプールサイドで行われた前夜祭でした。牛肉のステーキパーティーが行われたんですが、牛肉がなくなった後、日本の選手はブタ肉をおかわりして、夜中、数人の主力選手が下痢から脱水症状を引き起こしてしまった。ベストメンバーが満足に組めなかったため、終わってみれば3位。1位は韓国、2位はアメリカでした。

力を出し切れなかったのなら、不摂生を悔い、唇を噛みしめるのが普通でしょう。ところが日本選手の中にはトロフィーを受ける韓国選手に向かって、カメラをパチリとやっている者がいた。準優勝に終わったアメリカの選手たちが悔し涙を流しているというのにですよ。これが日本を代表する選手たちかと思うと情けなくなってしまった。それからですね、国際舞台に出ても闘争心を失わないような選手を育て、目的を持ったナショナルチームにしなければならないと思い始めたのは……」

こうした松永のナショナルチームにかける情熱は、ソウル五輪、バルセロナ五輪で指揮をとった鈴木義信、山中正竹に受け継がれる。国際大会に勝つための選手を育成するにあたって、フィジカル、メンタル両面からの見直しがはかられ、技術が刷新された。

国内でいかにして勝つかに汲々《きゅうきゅう》としているプロ野球を尻目に、一足早くアマのナショナルチームは「打倒キューバ」「打倒アメリカ」を合言葉に大海へと船を漕ぎ出したのである。それは野球はベースボールに勝てるかというロマンへの旅でもあった。

山中（ソウル五輪投手コーチ、バルセロナ五輪監督）は語気を強める。

「ナショナルチームのメンバーには、まず最初に〝選ばれておめでとう。日本の野球を変える使命をキミたちは担ったんだ〟と言いました。言ってみればナショナルチームは長崎の出島のようなもの。プロ野球が〝鎖国〟している今、世界の野球を肌で感じ取り、それを国内に伝える仕事はナショナルチームでなければできないのです。我々はそれを誇りに思って頑張ってきたわけです」

日本で最初のアマのナショナルチームが結成されたのは1973年。山中がいうには当初は日本人の特性である巧さとズルさに活路を求めようとしたが、こうした小手先のテクニックはキューバやアメリカの圧倒的なパワーの前にことごとく粉砕されてしまった。その結果、最初から力対技ではなく、力には力で対抗し、足りないところを技で補うというジンテーゼが導き出された。

ソウル五輪前に山中が提唱した「90マイル＋サムシング理論」は、正面からの対決を避け、相手のパワーをかわすことばかりに腐心していた〝島国流野球〟を根底から覆すものだった。

山中は説明する。

「以前はキューバやアメリカが相手だと下手投げのピッチャーを立ててかわそうという発想が主流だったんです。確かに最初は効果がありました。ところが打順が一回りし、目が慣れてくると、どうすることもできないんです。そこで90マイル、すなわち最低でも145㎞のストレートとサムシングとしてウィニングショットを持つ投手を育てる必要性が出てきた。145㎞のストレートを持った上で野茂（英雄）ならフォーク、佐々岡（真司）ならスライダー、潮崎（哲也）ならシンカーといった具合に、各自、武器を磨かせていったわけです」

当時のプロ野球を見ればよくわかるのだが、近鉄の野茂、西武の石井貴、潮崎、杉山賢人、広島の佐々岡、中日の与田剛、ヤクルトの伊東昭光、伊藤智仁、横浜の小桧山雅仁、巨人の宮本和知……と各球団の主力級の多くはナショナルチームの出身である。野手まで含めると、たとえば日本一のヤクルトでは広沢、古田敦也、秦真司、荒井幸雄の4人がオリンピックを経験している。

野茂はプロに入ってくるなり、顔色ひとつ変えずに言い放ったものだ。

「プロの実力？　ぼくらはキューバとやっていますからね。それに比べれば恐るるに足らずですよ」

翻って考えるに、当時、日本のプロ野球は大海を知らず、太平の眠りの中にあった。一例をあげるなら、2リーグ制下、ひとつの球団と26ゲームずつ戦うため、スピードやパワーよりもむしろ、監督のサインを解読したり、ピッチャーのクセを盗み出すことに主眼が置かれていた。

「海外の門戸を開放しようとしないプロ野球に、もはや学ぶべき点はひとつもない」

松永はシビアに言い切った。

山本の主張はもっと辛辣だった。

「だから僕はプロに〝世界選手権を実現させなさい〟と言っているんだ。少年たちに夢を与えるようなプランを考えて欲しい。それでなくても今の日本の野球界は逆三角形。底辺がどんどん野球離れを起こしているんだから。プロもアマも、自分の〝ムラ〟のことだけを考えていればいいという時代は、とっくに終わってんだよ」

公開競技とはいえ、84年ロス五輪の野球日本代表の金メダルは、日本野球の夜明けを感じさせるものだった。

謝罪の銅メダル——江上由美

1964年の東京五輪で金メダルを獲得した全日本女子（女子バレーボール日本代表チーム）は、柔道の受け身に似た回転レシーブなどを得意にしたことから、「東洋の魔女」と呼ばれた。

ソ連との優勝決定戦の視聴率は66・8％（ビデオリサーチ調べ・関東地区）。この数字はスポーツ中継としては歴代最高である。

それ以降も魔女たちはオリンピックで躍動し続ける。68年メキシコ五輪・銀メダル。72年ミュンヘン五輪・銀メダル。76年モントリオール五輪・金メダル。当時、選手たちが「金メダル以外は負け」と公言していたのは、柔道と女子バレーボールだけである。

江上（現・丸山）由美は少女時代、大人気番組『サインはV』『アタックNo・1』の影響を受け、バレーボールを始めた。高校卒業と同時に名門・日立に入社し、その年、センタープレーヤーとして日本リーグの新人賞に輝いている。

19歳で全日本入りした江上は、ボイコットにより幻となった80年モスクワ五輪代表メンバーのひとりでもある。ソ連のアフガニスタン侵攻を理由に、米国をはじめとする多くの西側諸国が不参加を表明し、米国追従の日本も末席に名を連ねたのだ。

今度は東側諸国がやり返す番だ。84年ロサンゼルス五輪は、米国のグレナダ侵攻を非難するソ連、東ドイツなどの〝五輪強国〟が席を蹴った。

東西の冷戦にスポーツが翻弄される中、江上は24歳で全日本のキャプテンとなった。82年のことである。目指すは84年ロサンゼルス五輪での金メダルだ。

結論から述べれば、江上たちは金メダルを胸に飾ることができなかった。それでも3位決定戦でペルーに勝ち、64年東京五輪からのメダルを途絶えさせなかった。

「すみませんでした……」

銅メダル獲得後の江上の第一声が、これである。メダルを獲ったにも関わらず、謝らなければならない現実。女子バレーボールの置かれた立場を浮き彫りにするシーンだった。

江上由美が振り返る「あの時」

なぜ、謝ったのか？

2019年10月、あのときの出来事を、江上は、こう振り返る。

「実はオリンピックが始まる前から私たちに金メダルを獲るだけの力がないのはわかっていました。ただ、何パーセントかは（金メダルも）あるかなと。だから表向きには〝一番いい色のメダルを狙う〟と言っていたのです。

しかし、やはり現実は甘くなかった。銅メダルはもらったものの、何かしっくりこないんですね。それが「すみませんでした」という言葉になったのかな。逆にマスコミの方からは「いや、そんなこと言わなくていいよ」と慰めていただいたことを覚えています」

表彰台でも江上たちに笑顔はなかった。中にはメダルを隠す選手もいた。

「確かに誇らしい気分ではなかったですね。私の場合、隠しはしませんでしたが、表彰式が終わったら、すぐにメダルを首からとりました。

オリンピック後、メダルは実家のたんすの引き出しの中に保管していましたが、あまり見ませんでしたね。見たくないというより、先に進もうという意識の方が強かったのかもしれません」

金メダルを期待されるチームを牽引する重圧は、想像して余りある。どのようにしてチームをまとめたのか。

「いや、まとめるというより、〝どにかく勝たなきゃ〟という思いの方が先で、毎日が必死でした。久美ちゃん（中田久美・現全日本女子監督）が『由美さんは怖かった』というくらいだから、本当に怖かったんでしょうね（笑）」

同僚からクツを投げつけられたという話も耳にした。

「あれは海外での出来事。1つ年下の三屋裕子が、監督から『オマエがいるから勝てないんだ』と叱られたんです。それで部屋に帰るなり、『もうたまらない。辞めてやる』とか言い始め、バーンと私の方にクツを投げつけたんです。本人は『たまたま何かに跳ね返って当たったんだ』と言ってますけど、あれは絶対、私を狙ったと思いますね（笑）」

辞めてやる、と息巻く三屋に「あんた、辞められていいわね」と江上がクールに言い放ったという逸話は本当なのか？

「そうです。そう、言いました。日本は6人の歯車の噛み合わせが大事なチームで、ひとりでも抜けたら、はい次、と入れ替えられるようなチームではなかった。そんなことは彼女もわかっていたはずです。

にもかかわらず〝由美さんにはわからないでしょう〟とか言いながらワーワー泣き出すものだから、つい言い返してしまったんです。簡単にチームを辞める、という言い方に対する腹立たしさもあったのかもしれませんね」

コートの中でも江上のキャプテンシーは際立っていた。15歳で代表入りしたセッター中田に対しては、「とにかく真上に上げてくれればいい」としか言わなかった。

それについて中田は「江上さんからトスに関して、ああしろ、こうしろと言われたことは一度もない。江上さんは私を大きく育てようとしてくれていたんだと思います」と語っている。

江上は振り返る。

「まだ若い久美ちゃんだから、トスが低い時もあれば高い時もある。でも、それをどうにかするのが（センターとしての）自分の責任だと思っていました」

東京五輪では、かつてコンビを組んだ後輩が全日本の指揮を執る。

「久美は言ってましたよ。『ブレずにやります』って。私もそれでいいと思います。ただ、ちょっと痩せてきたのが心配かな……」

1988

ソウル・オリンピック

カール・ルイスVSベン・ジョンソンの男子100m一騎打ちが注目されたソウル五輪。当時、日本水泳界は低迷期にあり、唯一の期待は、予選を2位通過した100m背泳ぎの鈴木大地。金メダルは困難と思われたなかで鈴木が打ったのは、一世一代の大博打だった――。

計算された大博打――鈴木大地

オリンピックにおいて競泳をお家芸とする日本だが、1970年代後半から80年代にかけては雌伏ならぬ潜水の時を余儀なくされていた。欧米勢のパワーに圧倒され、76年モントリオール五輪、84年ロサンゼルス五輪はメダルなしに終わった。

そんな中での金メダルだから、列島中が沸き返った。舞台は88年ソウル五輪。主役は21歳の大学生・鈴木大地である。

男子100m背泳ぎ決勝。鈴木は3コースに入った。4コースは世界記録保持者のデビッド・バーコフ、5コースには元世界記録保持者のイゴール・ポリャンスキー。米ソの激突に日本が割って入った格好だ。

競泳では最も予選通過タイムのいい選手が4コースに入る。続いて5コース、そして3コース。鈴木はメダル圏内には入っていたが、表彰台の真ん中に立つにはさらにひと工夫が要る。秘策の全容が明らかになるのは、スタートして15秒ほど経ってからだった。

秘策〝Bプラン〟の実行

25メートル付近、まずポリャンスキーが水面に出た。いつもならこの距離で浮かび上がってくる鈴木は、となりのバーコフとともにまだ潜ったままである。

通常、鈴木はタイムにして12秒、水中でのキック数21回で25メートル付近に浮上する。そのことは当然、ライバルも知っていた。

ところが、バーコフが予選で世界新記録を出したことにより、鈴木はルーティンの変更を迫られる。21回のバサロを27回に増やし、30メートル付近まで潜る――いわば〝Bプラン〟の実行である。

実はコーチの鈴木陽二が指示した回数は25回だった。なぜ、あと2回増やしたのか。

「25回だと右手でターンしなくちゃいけなくなる。左のターンの方が得意だったんです。それには27回の方がいいだろうと……」

ソウル五輪の1カ月前、鈴木のもとに、ある情報が入った。

「バーコフが35メートルまでバサロで潜ったというんです」

ここでバサロ泳法について簡単に説明しよう。これを考案したのは米国のジェシー・バサロという選手。個人メドレーでバタフライから背泳ぎに移る際に、この泳法を用いた。水面に比べると水の抵抗が少ないため、潜水の距離が伸びれば、必然的にタイムもよくなる。ソウル五輪当時は、まだ潜水距離に制限が設けられていなかった。

「潜るといってもね、長く潜ればいいってもんじゃない。僕らは浮き上がる時、肺を浮き袋代わりにする。シューッと速いスピードで浮き上がってこないと意味がないんです」

想定どおりバーコフは35メートル付近で浮上してきた。4コースのバーコフからすれば、3コースの鈴木の浮上位置は左前方となる。泳ぎながら目で確認することができる。

敵のメンタルを揺さぶる

バーコフは慌てたはずだ。通常なら25メートル付近で浮上するはずの鈴木が30メートル付近で浮上し、自らに迫ってきているのだ。ターンした時には、その差は「体半分くらい」にまで縮まっていた。この時、レースは全て鈴木の作戦通りに進んでいた。

「バーコフの隣のコースに入ったのも、作戦通り。予選のレースでバーコフに次いで2着か3着に入れば、彼の隣で泳ぐことができる。だからタイム差が1・39秒ついたからといって僕は少しも慌てなかった。こちらは力を温存していたわけですから……」

——そこまでバーコフの隣で泳ぐことにこだわった理由は？

「オリンピックの前の年にユニバーシアードがあって、この時の決勝は僕が5コースでバーコフは4コース。予選ではバーコフの方が速かったんです。でも決勝では僕が勝って優勝した。隣で泳いでいると何となくわかるんですが、彼は精神面があまり強くない。揺さぶりに弱いんです。つまり、その再現を狙ったわけです」

オリンピックに備え、鈴木は早くからイメージトレーニングを行っていた。残り数メートルで追い付き、タッチの差で勝つ——。

「多分、残り5メートルくらいで並んだのだと思います。ただ、普段なら覚えているはずのレース内容が、あのレースに関しては、あまり覚えていない。無の境地とでもいうのかな……あれは初めての体験でした」

ゴール前5メートル、バーコフと鈴木、そしてポリャンスキーが横一線に並んだ。日の丸の小旗がプールサイドで激しく揺れる。大歓声が3人の水しぶきの音を消す。残り3メートル、2メートル、1メートル、50センチ……3人の手がほぼ同時にゴール板を叩いた。

タッチ練習の勝利

ここでも鈴木はある秘策を用意していた。腕の回転でゴール板を叩くのではなく、1ミリでも前に出るべく限界まで腕を伸ばし、指先をゴール板に突き立てたのだ。

「あれも練習でやっていたこと。最後は指が折れてもいいくらいの覚悟でしたよ」

——金メダルの瞬間の思いは?

「タッチした瞬間、まわりがワッと騒いでいたのでそこそこ行ったかな、とは思っていたんです。でも自分で確認したいと思って電光掲示板の方に近づくと、1番上に3という数字が確認できた。ああ、3コースのオレなんだと。全てが報われた気がしましたね」

米ソという超大国のエリートを敵に回しての乾坤一擲《けんこんいってき》の大勝負。その末の金メダル。日本五輪史上屈指の痛快な物語である。

その鈴木が日本のスポーツを束ねる初代スポーツ庁長官に就任したのは2015年10月のことだ。

「前向きに頑張る。泳ぎは後ろ向きだったけど」

この就任挨拶が笑いを誘った。

長官になって取り組んだプロジェクトのひとつにアスリート発掘事業がある。初心者の中にもダイヤモンドの原石は、たくさんいるというのだ。

「高校野球なんか見ていると、ベンチの中にいい素材がたくさんいますよ。ラグビーでも陸上でもボートでもハンドボールでもいい。オリンピック、パラリンピック問わず幅広い競技でメダルが獲れるような仕組みを、今からつくりたいと思います」

水面下での計画が浮上する日を楽しみに待ちたい。

PART2

1990年代

——バルセロナ、アトランタ、長野

1992

バルセロナ・オリンピック

スーパースターを揃えたバスケットボールの「ドリームチーム」、14歳で金メダリストとなった水泳の岩崎恭子らが話題となったバルセロナ五輪。期待された柔道の古賀、マラソンの谷口に待ち受けていた試練とは……。

「あのケガで負ける気がしなくなった」——古賀稔彦

バルセロナ五輪、柔道71kg級決勝。赤旗2本がサッと上がった瞬間、古賀稔彦は両の拳を握り締め、宙を見上げて「ハァーッ！」と叫んだ。同時に大粒の涙が頬をつたった。

試合の10日前に左ヒザを傷め、一時は出場すら危ぶまれた。それだけに奇跡の金メダル獲得は、私たちの心にひときわ深い感動を残した。奇跡を起こせるから天才なのか、天才だから奇跡を起こし得たのか——。

芸術的とすらいえる背負い投げを武器に、日本の、いや世界の柔道史に新たなる〝伝説〟を書き加えた天才柔道家に、柔の極意を訊いた。

二宮 バルセロナに入って、練習中に傷めた左ヒザの状態は、実際にはどうだったのですか。

古賀 亜脱臼の状態で、ヒザの周りの靭帯が伸び切ってしまい、歩くことすらできませんでした。加えてそこが炎症を起こしてしまい、その時点で、出場しても、まともな柔道はできないと覚悟しました。

二宮 つまり金メダルは難しくなったな、と?

古賀 いえ逆です。ケガするまでは〝優勝したい〟という気持ちでしたが、ケガを境に〝これで優勝できる〟という確信に変わりました。ケガをして、いろんな雑念が振っ切れたとでもいうんでしょうか。調子がいいと、考えなくてもいいことまであれこれ考えるでしょう。ところがケガをしたことによって、気持ちが勝負だけに集中できるようになった。また、今までの経験から、最悪の状態でも優勝できるだけの戦い方は身につけていたつもりでしたから。なぜか負ける気は全くしなかったですね。

二宮 なかでも圧巻は、準決勝のシュテファン・ドット(ドイツ)戦でした。伝家の宝刀の一本背負いが決まった瞬間、あまりの鮮やかさに観客の全員が総立ちになり、万雷の拍手がおくられました。柔道の試合で、当事国でもない選手の勝利があれだけ祝福されたのはちょっと記憶にない。

古賀　でも、あの一本背負いにしたって、ただ技をかけられる瞬間があったからかけただけで、僕に言わせれば当たり前のことです。頭で考えるのではなく、体が自然にやったことですから。正直言って、それほど印象に残るものではありません。どんな試合でも5分間の中に必ず1回、ほんの一瞬ですが技をかけることのできるチャンスがある。その瞬間に、気がついたら相手を投げているという感じですね。だから本当にきれいに技が決まった時というのは、手応えが全くないものなんです。

自分を見失ったソウル五輪

二宮　決勝ではベルタラン・ハイトシュ（ハンガリー）に苦戦を余儀なくされました。判定を待つ間の気持ちは？

古賀　前半はこちらが技を出せましたが、途中の大外刈りで少しグラついたので、正直言って〝負けたかな〟と思いました。だから試合終了後のガッツポーズも相手より小さかった（笑）。自分の旗が上がった瞬間の気持ちといったら〝地獄から天国へ〟ですね。判定を待つ間のあれだけの緊張した時間は、もう二度と味わえないと思います。

二宮　悲願の金メダルだったわけですが、4年前のソウル五輪では〝金メダル確実〟と言われながら、ソ連の伏兵ゲオルギ・テナーゼに組ませてもらえず、まさかの3回戦負けを喫してしまいました。この4年間で、柔道をする上での気持ちの変化はありましたか。

古賀　今だから言えるのですが、ソウル五輪の時は、試合前の練習も言われるままにただこなしているだけという感じで、気持ちがフワフワしているような状態でした。自分自身を見失っていたんですね。それにプレッシャーを背負い過ぎて、マイナスの方からものを見ていたような気がする。例えば〝日本のために勝たないといけない〟といった具合に。これじゃいけない、とハッと我にかえったのは、ソウルが終わってからでした。

それからというもの、練習でもあくまでも自分自身を中心に据えて行うようになりました。〝日本のために〟から〝自分のために〟に考え方を切り換えました。そうすれば、辛い合宿も苦にならない。時には練習後、酒を飲んだりして気分をリフレッシュすることも覚えました。これは日本の選手全員に言えることですが、ともすると練習のし過ぎで、試合前にオーバーワークになってしまうことがある。ソウル五輪の時、ただ一人金メダルを獲った斉藤仁さんは、ヒザが悪かったため、自分の体と相談して、休みをうまく入れながらマイペースで練習をしていました。斉藤さんだけは日本人選手の欠点に気づいていたんでしょう。

二宮　それは、日本選手の練習は指導者からの押しつけが中心で、自主性に欠けるということですか?

古賀　そういうことです。自分のための試合なのに上からの押しつけが中心で、自分の意見を入れにくい。これでは本番で力を発揮することができません。もちろん、上からの意見を全て否定しろというわけではないですよ。外国のように両者で話し合いながら、納得した上で練習のメニューを決めていく。そうしたシステムが必要だと思うんです。ただ上からの指示に従うだけでは進歩はありません。

兄の教え――「1回入ったら最後までかけろ!」

二宮　技術的にソウル五輪後、大きく変わった点はありますか?　というのも、ソウル五輪前まで、古賀さんはやや左組みの選手に弱い、と指摘する関係者もいました。事実、ソウル五輪では左組みのテナーゼが古賀さんの奥えりをとって背負いを封じてしまいました。世界中からマークされると、さしもの天才も楽には勝てない（笑）。

古賀　ソウルで負けた原因は、自分自身、はっきりわかっていました。精神的には先ほど申し上げたこと。つまり、自分に妥協があってはダメだということです。ほんの少しでも気持ちに妥協が入ると勝てません。そして技術的には自信のある技のレパートリーが背負い投げと小内刈りの2つしかなかったということです。では、自分の最大の武器である背負い投げを最大限にいかすためにはどうすればいいか。そういう観点から足技やつり込み腰を研究しました。相手は大技を警戒すればするほど、意表をつかれるとバランスを崩してしまう。これらの技は充分、相手にインパクトを与えることができたと思います。

二宮　そうは言っても、古賀さんといえば背負いのイメージがあまりにも強過ぎる。両ヒザを畳につけない、俗にいう〝立ち背負い〟ですが、これは東京五輪中量級金メダリストの岡野功さんが兄・元博さんに伝授し、それを古賀さんが受け継いだものと言われています。その経緯を教えて下さい。

古賀　僕は佐賀の出身ですが、兄は中学入学と同時に上京し、講道学舎に入門しました。

その後、兄に続いて僕も上京しましたが、久しぶりに見る兄は大きな選手を背負いでポンポン投げつけて、まるで今までの兄とは別人のように見えた。憧れてしまいましたよ（笑）。すると兄が〝オマエにも背負いを教えてやる〟という。ヒザをついての背負いじゃ大きな選手を投げることができないということで、徹底して〝立ち背負い〟を仕込まれました。また〝立ち背負い〟の方が次への動作が早いという利点がある。

二宮　背負いの型で、特に注意された点はありますか。

古賀　九州にいる頃は、ヒザをついてガニマタで（背負いに）行ってたんですが、これは力が出ない型だということで、技に入るときは足の指は平行かやや内また、スタンスは肩幅と同じくらいにしろ、と教え込まれました。それから背負いに行く時には足を揃えて入る。引き手は柔道着のフクロの部分を持つ。組み手では絶対に妥協しない。兄の指導はそれはそれは厳しいものでしたよ（笑）。

さらに兄から言われたのは〝1回入ったら最後までかけろ〟ということです。相手がいくら我慢しても入った以上は投げろ、試合になれば余計に相手は頑張るんだから、と。いわゆる相手を真下に落とすような投げ方は、その後、自分なりに研究を重ねました。それを完璧にマスターできたのは、始めに基本をみっちり教わったからです。基礎ができていなかったら、応用もできなかったでしょう。

〝入る〟ときは〝投げる〟とき

二宮　講道学舎というと、どうしても猛練習のイメージが付きまとうんですが、実際の練習はどれほど厳しかったんですか？

古賀　練習は厳しかったですけど、時間はそう長くなかった。早朝トレーニングを1時間と、夕方、乱取りを1時間か1時間半くらい。密度が濃く、選手の力を百パーセント引き出すことを目的とするような練習でした。

二宮　その結果、立ち背負いが完成したわけですが、私たちが一番感心するのは、相手の懐に飛び込む速さとタイミングの鮮やかさです。その奥義を言葉にすると、どうなりますか？

古賀　それは頭でなく体が覚えているものですから。タイミングにしても体が判断するんです。ただ柔道というものは、相手の体の内に〝入る〟か〝出る〟か、このどちらかでしょう。これが基本です。さらに言えば〝入る〟時は〝投げる〟時です。反対に〝投げられる〟と思ったら、戻らなくてはいけない。それも全て体が判断します。理屈じゃないんです。試合中に入るかどうか考えているようではダメです。練習や試合を積み重ねた結果、無意識にやるものです。

二宮　〝入る〟時、技を返されるんじゃないかという恐怖はないですか？

古賀　ないです。〝入る〟時は〝投げる〟時ですから。投げられたらどうしよう、と思って入ったりはしませんよ。

二宮　唐突ですが、古賀さんの柔道はマイク・タイソンのボクシングに非常によく似ている。一言でいえば〝虎穴に入らずんば、虎児を得ず〟という論理です。全盛期のタイソンの最大の武器はステップ・インの速さと、瞬発力が最大値で刻まれる一瞬の攻撃力だった。タイソンも全盛期は相手の体の中に〝入る〟時に、恐怖を感じなかったのかもしれない。

古賀　実は僕もタイソンのボクシングには非常に興味を持っていました。彼のボクシングの最大のテーマは、いかに短い距離で自分の力を爆発させるか、ということだったわけでしょう。彼もヘビー級としては小柄だし、僕の柔道と相通ずるところがあった。ひそかに応援していただけに東京で敗れた時は残念でしたね。

二宮　再び、背負い投げに話を戻しますが、確か１９８９年の世界選手権だったと思います。引き手を取らせてくれない相手への対策として、つり手だけの背負いを開発し披露しました。これはもう〝秘技〟といっていい（笑）。

古賀 この技はヒジのケガが原因で覚えたと思うんですが、いかに相手を自分の腰に乗っけるかがポイントですね。投げやすいヒジの位置というのがあって、わきは拳1個分ほど開けといた方がいいですね。

二宮 ところで、柔道の高段者になると、組んだだけで瞬間に相手の実力が測れる、とよく言われます。古賀さんほどの達人になると、皮膚が触れただけでもわかるんじゃないですか。

古賀 皮膚が触れたというのはともかく、組んだだけで相手の実力を読み取ることができなかったら、その人は一流じゃないですね。僕は相手の気持ちのレベルまでわかりますよ。オリンピックの2回戦で、中国の石承勝という選手と当たりました。この選手には前年の世界選手権で僕が一本勝ちしているんです。当然相手は僕がケガをしているのを知っていたはずなのに、顔を見ると闘志のかけらも見えない。相手は組み合っても〝投げよう〟という意志がなく、〝逃げよう〟とするだけなんです。これじゃ僕に勝つことはできない。闘う前から勝負は決まっていたようなものですね。

二宮　本家意識があるのか、日本の選手は一本を取るための技を仕掛けますが、外国の選手の中には〝掛け逃げ〟をする者がたくさんいますね。これは柔道の魅力を損なうものだと思いますが……。

古賀　総じて審判は日本の選手には厳しいですね。しかし、今後〝掛け逃げ〟は厳しくチェックするという方針が確認されたので、少しずつではありますが、柔道のよさが復活するのではと期待しています。

二宮　さて柔道の真の魅力は、嘉納治五郎の時代から今に至るまで〝柔よく剛を制す〟あるいは〝小よく大を制す〟にあると思います。ところが現実問題として、体の小さい人が大きい人に勝つのは至難の業に近い。そこで理想とは知りつつも、私たちは古賀さんに夢を託してしまうわけです。

古賀　昔はそう極端に大きな人はいませんでした。ところが今や120kg、130kgの選手なんてザラですからね。実際、軽量級の選手のほとんどが「大きい人に勝つのは無理だろう」と考えていると思うんです。しかし、思い切ってぶつかって何とか倒してやろう、何とかして勝ってやろうという気持ちが常にあれば、本当に勝てる時だってあるわけですよ。また、そういう気持ちを常に持っていないと、小さな選手は成長しない。

小川に突かれた一瞬の妥協

二宮　その意味で、90年の全日本選手権は興味深い試合でした。古賀さんは71kg以下級の選手として初めて決勝に進出し、95kg超級、無差別級の世界チャンピオンである小川直也選手と相対しました。結果は、惜しくも足車で一本負けしたわけですが、場内の拍手は敗れた古賀さんに集中しました。

古賀　しかし、自分としては情けない試合でした。実はあの日、僕はカゼで体調を崩していて、睡眠もとらず、食事もとらずに試合に臨んだんです。ところが、うまく勝ち上がって、決勝にまで来てしまった。一方の小川選手は「何が何でも優勝するんだ」という気迫がみなぎっていました。執念で、僕を上回っていた。それが証拠に、引き手を取られた時、すぐに切ればよかったのに、〝まぁ、いいか〟という妥協が入った。その瞬間に決められてしまったんです。だから僕にとっては〝よく、やった〟ではなく、情けない試合なんです。心身ともに疲れていた、なんてのは理由になりませんね。

二宮　あの時、武道館の天井を生まれて初めて仰いだわけですが、感想は？

古賀　ライトがパァーッと見えてすごくまぶしかったですね。一本負けした瞬間は、悔しさで何も考えられなかった。

二宮　体重で60kg近く重い小川選手を相手にしても〝悔しい〟というあたりが古賀さんらしい（笑）。

古賀　柔道は武道とはいっても、本質的には格闘技ですからね。少々、言葉は悪いかもしれませんが、殺し合いの場で〝体重が軽いから死んでも仕方ない〟とは誰も考えないでしょう。どんな相手であろうと〝自分が勝つ〟という気持ちを強く持っていないと、生きるか死ぬかの勝負はできないですよ。柔道に妥協は禁物です。

二宮　古賀さんが指導者の目で若い選手を見る時、どこに一番ポイントを置きますか？

古賀　やはり気持ちが強いかどうかということですね。同じ技をかけるにしても、本当に投げようと思ってかけているか、ただ漠然とかけているか、そこに注目します。いずれにしても相手を投げつけてやろう、叩きつけてやろうという意志がないと、どんなにいい素質を持っていても成長しないですよ。柔道は相手と闘う前に自分と闘う競技。当たり前のことですが自分の弱さを克服しようとする気持ちが大切ですね。

二宮　素質だけでいえば、お兄さんも大変な逸材といわれました。ところが、簡単に古賀さんに乗り越えられてしまった。このあたりの原因は何なのでしょう？

古賀　一流といわれるレベルの人間は柔道の世界にもたくさんいます。しかし、その人たちが、それ以上のレベルの人間たちのやっていることを理解できるとは思えない。何の世界でもそうでしょうけど、一流の壁を越えた者にしかわからない領域というものは確実に存在する。それを自分のレベルで理解しようとするから、間違えた答えに行きついてしまうんです。

二宮　それはお兄さんと古賀さんを比較すること自体が間違いだということですか？

古賀　……。僕はたとえ兄であれ、目の前にいる相手は倒す。人間はどうしても弱いから、闘志がわかない敵は避けようとする。そこで強い気持ちを持てるかどうかが大切なんです。

二宮　それが〝柔の道〟につながっていくんでしょうか？

古賀　まだまだ僕は修行の身です。柔道をやっている間はずっと修行の身ですよ。常に今の自分に満足しないよう、上を目指していくつもりです。ところが、悲しいことに今の柔道界には、地位にあぐらをかいている指導者が多過ぎる。口ばかり達者で、自らは何も努力しない。選手を鍛えようと思ったら、まず自らが率先して苦しいことに挑戦しないとダメです。口でどんなに立派なことを言ったところで選手はついてきませんよ。

その意味ではこれからは指導者も厳しい時代を迎えると思います。

二宮　では、今後の日本柔道を背負って立つ若い選手へのアドバイスはありますか？

古賀　絶えず闘争心を忘れないこと。練習でも絶えず相手を徹底して投げつけてやろうという気持ちが大切です。柔道は自分が相手を投げることができるから面白いんであって、投げられては面白くない。練習の時から戦場にいるような気持ちが大切なんじゃないでしょうか。試合に負けて悔しくなくなったら、その選手はおしまいですよ。

「こけちゃいました」の記憶――谷口浩美

1960年ローマ五輪。マラソンシューズを履かずに42・195㎞を走り切り、アフリカの黒人としては初の金メダリストとなったアベベ・ビキラ（エチオピア）は、〝裸足の英雄〟と呼ばれた。

谷口浩美も、その瞬間、「裸足で走ろうか……」と考えた。脱げたシューズを探す時間が惜しかったからである。

92年8月9日、バルセロナ五輪・男子マラソン。前年9月、東京で行われた世界選手権で優勝した谷口には、旭化成の後輩・森下広一とともに大きな期待が寄せられていた。

勝負どころは、ゴールとなるスタジアムへと続くモンジュイックの丘と見られていた。坂を上り切る余力が、どれだけ残っているか……。当然、谷口にも、その覚悟はできていた。

だが、しかし——。23km手前の給水所で、谷口は信じられないようなアクシデントに見舞われてしまう。

モロッコの選手に左足のかかとを踏まれ、シューズが脱げてしまったのだ。

本人の回想。

「僕はスムーズに水が取れるように（水が置かれた）テーブル側を走っていた。右手でうまく掴み、レースに戻ろうとした瞬間、歩道側を走っていた選手が急にテーブルに寄ってきた。そして僕の左足のかかとを踏みつけていったんです」

——モロッコの選手の存在は気付いていたのか？

「そばにいるのは僕もわかっていた。しかし、まさか急にこちらに寄ってくるとは……。日本人だと順番待ちではないけど、後ろから取るなど配慮をする。その選手は〝早く取らなきゃ〟と必死だったんでしょう」

一瞬、裸足で走ることも考えた谷口だが、少年の頃からエチオピアの野山を裸足で駆け回っていたアベベとは足裏の鍛え方が違う。残り20㎞を裸足で走り通すのは、現実的に不可能だった。

「あの時、給水したのかしなかったのか、僕には記憶がない。ただ、後でビデオを見ると、転がった靴を履き直し、次にダッシュした時にはペットボトルを持っていた。おそらくテーブルの下に落ちていたボトルを拾って走ったんでしょう」

脱げたシューズを探し、履き直すのに約30秒の時間を要した。それでも谷口はレースを捨てなかった。必死になって先頭集団を追いかけ、2時間14分42秒で8位入賞を果たした。

谷口を、一躍時の人にしたのはレース後のインタビューである。

「途中でこけちゃいました。それがいけなかったんですね」

誰を恨むでも憎むでもなく、照れ笑いを浮かべながら、淡々とそう答えたのだ。

続けて、こうも。

「まぁ、これも運ですね。精一杯やりました」

帰国すると銀メダリストの森下以上の人気者になっていた。その状況を理解するのには時間がかかった。

「僕は、ただ単純に事実関係を口にしただけなんです。皆さん、僕が転んだ事実を知らないだろうと思って。（メダルを期待されながら）8位では申し訳ないという気持ちもあり、つい、〝こけちゃいました〟と言ってしまったんです。それが、まさかあんな大ごとになってしまうとは（笑）」

さしずめ、今なら〝しくじり先生〟といったところか。ほろ苦くも、清々しい29年前の記憶である。

「ファイナリスト」を広めた男——高野進

今では当たり前のように使われている「ファイナリスト」という言葉を、少なくともアスリートが公式の場で口にしたのは、この人物が初めてではなかったか。

1992年8月5日（現地時間）、エスタディ・オリンピック・リュイス・コンパニス。バルセロナ五輪男子400m決勝。スタートラインに立つ8人の中で、いわゆる「黄色人種」は日本の高野進ただひとりだった。

結果は8位。7位の選手に5m以上の差を付けられた。8人の中では最下位だが、世界では8番目である。何より短距離での日本人選手の決勝進出は、32年ロサンゼルス五輪の吉岡隆徳（男子100m）以来、60年ぶりの快挙だった。

この時、高野は既に31歳。決勝進出を「神様が与えてくれたプレゼント」と喜び、「諦めない気持ちが、この結果に結びついた」と満足そうに続けた。

日本人は五輪好きである。日頃は興味を持たない競技でも五輪となると、テレビに釘付けになる。

競技が好きというより、単にメダルが好きなのではないか。そう思うこともないではない。だから「メダリスト」に興味は示しても、「ファイナリスト」に対しては「何、それ？」と捨て置かれた。

こうした状況を高野は日々、苦々しい思いで見つめていた。アジアでは無敵の高野も、五輪で表彰台に立つことは至難である。

そこで着目したのが「ファイナリスト」という言葉だった。

それについて、後に高野は私にこう語った。

「ファイナリストという言葉は、僕にとっては〝マスコミ戦略〟の一環でした。91年には東京での世界陸上があり、92年はバルセロナ五輪。取材に来た人は必ず聞くんです。『メダルは獲れそうですか?』と。もう頭の中はメダルの3文字しかない。『いや、僕が目指しているのはファイナリストです』と答えると、マスコミも決勝に残ることの意義を考えざるを得なくなる。逆にいえば、それくらい短距離で決勝に残ることの大変さが、当時は理解されていなかったんです」

400mは短距離の中で最も過酷な種目だと言われている。陸上の世界には〝ケツ割れ〟という独特の用語がある。疲労が原因で筋肉中に乳酸がたまり、尻が割れるほどの激痛を感じるのだ。特に400mを走り終えた後、この症状を訴える者が多い。

現役時代、高野はこう語っていた。

「僕たちは無酸素の状態で400mを走り切る。多少、個人差はあるにしろ、人間がトップスピードで走る時、無酸素状態でいられるのは41秒が限界だと言われています。だから、ゴール前の最後の数mの苦しさといったら、絞り切った雑巾から、さらに一滴のしずくを絞り出そうとするようなもの。

ゴールした瞬間、頭がガンガン鳴り、全身を激痛が貫く。400mが国際大会で1日

1本しか走れないのは、最低でも24時間空けないと体が回復しないからなんです」

参考までに言えば400mの日本記録は91年6月16日、日本選手権で高野がマークした44秒78である。30年経った今も破られていない現実が高野の偉大さを、何よりも雄弁に物語っている。

1996

アトランタ・オリンピック

日本の金メダルは柔道の3個のみに終わったアトランタ五輪。今も記憶に残るのは、のちに「マイアミの奇跡」と呼ばれることになる男子サッカー、そして、女子マラソンで2大会連続のメダルを獲得した有森裕子が残した言葉だった。

そのとき奇跡が起こった——男子サッカーチーム

1996年7月21日（日本時間22日）、マイアミのダウンタウンの一角にあるオレンジボウル。私はこの試合をバックスタンド左隅の2階席から観戦していた。チケットは75ドル。

アトランタ五輪、サッカー予選リーグ。

日本対ブラジル。

奇跡を演出したのは夕闇に生じた一瞬の死角だった。

後半27分のことだ。ウィングバック路木龍次が左サイドでボールをキープし、相手DFの背後にロングクロスを送り込む。ワントップの城彰二が、そのボールを執拗に追いかける。

と、その時である。城よりも一瞬早くボールに追いついたブラジルのセンターバック、アウダイールがヘディングによるバックパスをしようとして、飛び出してきたGKジーダと衝突してしまったのだ。

ボールは坂道を転がるように芝の上を滑り、そのままブラジルゴールへ。オウンゴールかと思われた瞬間、ペナルティーエリアに詰めていたボランチの伊東輝悦がスルスルとボールに迫り、右足インサイドで慎重に蹴り込んだ。

きつねにつままれたような心境とは、きっとこういうことを言うのだろう。うれしいには違いないのだが、得点の実感がまるでわいてこないのだ。

その理由の大半は後半に入って攻められっ放しだったため、この1点が勝利に結びつく予感がしなかったことにある。実際、先制されてからのブラジルの波状攻撃は凄まじいの一言に尽きた。

だが、得点の実感がなかった理由はそれだけではない。正直に言えば、オリンピックに28年ぶりに出場したこの国が、世界最強のブラジル相手にスコアを記録するシーンがどうにも思い浮かばなかったのだ。

夕闇に生じた一瞬の死角――とは、まさしく、私たちの心の様相そのものであり、エアポケットに落ちて混乱をきたしてしまったのは、他ならぬ私自身だった。

かくして束の間の出来事は永遠の一瞬となったのである。

大番狂わせをして、海の向こうではグレート・アップセットと呼ぶが、当時、日本代表監督だった加茂周の言葉を借りれば、ブラジルは「100回やって1回勝てるかどうか」の相手である。

前日、マイアミ市内の大学構内で行われた練習を見つめる記者の視線も、緊張感みなぎるものではなかった。なにしろ、大学の構内には、大学職員はおろか、ひとりのセキュリティもいなかったのだから……。

そういえば、こんなことがあった。練習中、照明スタンドの上部に大きな鳥の巣があることを、ある記者が発見した。何の鳥なのだろうかという話題になり、誰かが「野生のインコじゃないか」と言った。

「だって確か腹の部分には緑と黄の色が入っていたぜ」

それを受けたのが、サッカー評論家のセルジオ越後氏である。

「緑と黄？　だったらブラジルのスパイかもしれないな。ブラジルがこっそりスパイを派遣するなんて、日本も偉くなったものだよ」

ジョーク好きのセルジオ氏は、こう切り返して周囲を笑いの渦に巻き込んだ。

余談だが、セルジオ氏とは、NHKのラジオ番組で長年、対談相手を務めさせてもらった。辛口の意見を述べながらもサッカー評論の第一人者でいられるのは、この独特のキャラクターによるところが大きい。

選手や監督を批判しても、決してとどめを刺すようなことはしない。逆に、誉める場合は、最後にクギを刺すことを忘れない。

「選手が子なら、マスコミは親のようなものだよ」

セルジオ氏は口ぐせのように、そう語っていた。


スパーリング・パートナーに負けるはずが……

閑話休題――。ブラジルが日本を歯牙にもかけていないことは、試合前のマリオ・ザガロ監督のコメントからも明らかだった。

「(日本には) 乱暴なサッカーをしないチームであって欲しい」

早い話、ザガロは「日本ごときは相手じゃない。そんなチームに、ケガでもさせられたらかなわない」と言いたかったわけである。

ザガロが強気になるのも無理はなかった。なにしろ、このオリンピック代表チームは2年後にワールドカップを戦うベースとなるチームだった。加えてオーバーエイジ(24歳以上)が3人も含まれていた。

ザガロの目に映る日本の姿は、前哨戦にはうってつけの格下チーム、すなわちスパーリング・パートナー以外の何物でもなかった。

あらためてこのチームのプロフィールを紹介しておこう。FWベベートは94年アメリカ・ワールドカップでMVPに輝いたロマーリオにまさるとも劣らない活躍をした。ザガロが世界有数の点取り屋であるロマーリオをはずしてまでベベートにこだわった理由は組織プレーの巧みさにあった。

ゲームメイクは23歳のジュニーニョ・パウリスタが担当した。プレミアリーグ(イングランド)のミドルスブラでプレーしていたこの選手は、およそ人間の足技として考えつく最高級のテクニックをすべてほしいままにしていた。

とりわけタッチ数が多く、変幻自在にボールを操るドリブルは、敵のスタンドをも魅了し、そのつど嘆息を誘った。

そのジュニーニョより、やや下がり目のポジションをとったオーバーエイジのリバウドは遠目からでも矢のようなシュートを放つことができた。長身でフィジカル能力にすぐれ、かつ守備の意識も高いことから、ザガロから全幅の信頼を得ていた。

そして、左のアウトサイドでは「世界最高のレフトバック」と呼ばれるロベルト・カルロスが存分に存在をアピールしていた。

速い、巧い、強い――。世界有数の名門クラブ、レアル・マドリッドに籍を置くこのレフトバッカーは、担当する左サイドを制圧するだけでなく、FKにおいてもワールドクラスの才能を発揮することで知られていた。

センターバックのアウダイールについても触れねばなるまい。世界最高峰のサッカーリーグ、セリエA（イタリアリーグ）のローマで、ユニフォームの色に引っかけ「赤い壁」と呼ばれていたアウダイールは、セレソンにおいては文字どおり「カナリアの壁」だった。

イタリアに参集するワールドクラスのアタッカーを封じ込めてきた彼のテクニックと

屈強さをもってすれば、城も前園真聖もクチバシの黄色いひよっ子に過ぎなかった。

少なくとも戦前、奇跡が起きる可能性は1パーセントにも充たなかったのである。

「ブラジル相手でもケツは引かない」と言い切った西野監督

「オリンピック史上、最大の番狂わせが起きた」

UPI通信は、世界中にそう打電した。

75ドルのチケットを紙吹雪がわりに飛ばそうとしたら、隣にいた友人に腕を掴まれた。

「もったいないことするな。今、そのチケットは750ドルの価値があるぞ！」

この日の主役はGK川口能活だった。川口はブラジルのアタッカーたちから28本ものシュートを浴びながら、ただの一度も歓喜の瞬間を与えなかった。ある時は身を挺してゴールの前に立ちふさがり、ある時は果敢な飛び出しでシュートを未然に防ぎ、またある時は抜群の読みでDF陣を操り、シュートコースを消してみせた。

そしてもうひとりの主役——それは監督の西野朗だった。

「ブラジルといえども、やる以上はケツの引けた戦い方はしない」

決然たる口調でそう語った西野は、試合直前、ボランチの廣長優志をベンチに下げ、左ウィングバックに路木を起用した。服部年宏のジュニーニョマーク、松田直樹のサビオマーク、鈴木秀人のベベートマークも、いずれも突然の指令だった。

「監督はいつも試合直前になって、突然、それまでのやり方をかえる。〝聞いてないよ〟ってことが多過ぎる」

複数の選手が公然と監督批判を行った。

選手と監督の間に、埋めることのできない溝ができるのは、よくある話だ。

先制されてからのブラジルは、文字どおり日本のゴールに向け、集中砲火、絨毯爆撃を開始した。生きている心地がしなかった。

しかし、日本のDFたちはひるまない。スイーパーの田中誠は王国の刺客たちを撃退し続け、ジュニーニョのマンマークを指示された服部は天才にペナルティーエリア内の周遊切符を1枚も手渡さなかった。

サビオマークの松田、ベベートマークの鈴木もパーフェクトな仕事をやりとげた。誰もが素晴らしかった。

戦術は大切である。戦略はもっと大切である。しかし、それだけではジャイアント・キリングを演出することはできない。

「試合に集中していて、誰がゴールしたかも覚えていない」
試合後、ヒーロー川口は言った。
そのコメントはまるで戦場から生還してきた兵士のそれだった。

有森裕子を襲った大会1カ月前の地獄——小出義雄

アトランタ五輪で国民に最も感動を与えた選手といえば、銅メダルに輝いた女子マラソンの有森裕子だろう。「自分で自分を誉めてやりたい」とのセリフには素朴な人間性があふれていた。その有森裕子を〝アメとムチ〟を巧みに操って育て上げた名伯楽が小出義雄である。

二宮　ゴール直後の有森選手の涙まじりの笑顔は実にさわやかでした。小出さんと抱き合いながら喜びを分かち合うシーンが印象に残っているのですが、何と声をかけられたのですか?

小出　有森が「ありがとうございました」って初めて言ったね。それを受けて「有森、良かったね。本当に良かったなァ」と僕も言った。顔を見ると泣いていましたよ。

二宮　スタートラインに立った時から、すがすがしい表情をしていました。ものすごく調整が順調にいったことを物語っていました。

小出　どんなに悪くても銅メダルはとれると思っていました。ライバルはワレンティナ・エゴロワ（ロシア）とカトリン・ドーレ（ドイツ）だけだと。優勝したエチオピアのファツマ・ロバは名前すら知らなかった（笑）。有森には「おまえはやることはすべてやってきた。堂々と走れば自然に結果はついてくる。せこいレースはするな」と言って送り出しました。ラップタイムがどうのこうのなんて関係ないですよ。

実はレースの前の晩の午前2時頃かな、有森が私のところに、「一睡もできません」と言ってきたんです。それで「オレだって一睡もしてねえよ。人間、一晩や二晩だったら寝なくったって戦えるさ」と言ってやりました。でも、スタートラインに立った時には、ほかのどのランナーよりもいい顔をしていたでしょう。それを見て、これは行けるなと確信しました。

二宮　ほかにそうしたご苦労は？

小出　オリンピックの1カ月くらい前に、あの子、自律神経失調症のようになってしまったんです。それこそ、自殺するんじゃないかと心配しましたよ。

二宮　何が原因だったのでしょう。

小出　精神的なものでしょうね。夜、泣きながらレースのことを不安がるんです。「皆が一生懸命やってくれているのに、思うようにいかなくて情けない」と。私はこう言いました。「何言ってんだ。すべての責任は監督であるこのオレにあってオマエにはない。オレが責任とるから心配するな！」。

とにかく、この時期が一番大変でした。私は夜も寝ずに1カ月、有森の部屋を見張っていました。夜中、いきなり飛び出しちゃうかもしれない。そこで調理の女の人やマッサージの人に〝もし、有森の部屋でガタッという物音が聞こえたら、すぐに飛び起きてください〟とお願いしておいた。まぁ、いまだから言える話ですけどね。

二宮　有森選手が小出さんの元を訪ねてきたのは、確か日体大4年の時ですね。学生時代の彼女はほとんど無名のランナー。採用の時は、ずいぶん迷われたんじゃないですか？

小出　最初、手紙が届いたので断りの返事を書いたんです。それで諦めてくれると思ったら、今度は直接、合宿所にまで押しかけてきた。〝どうしても監督の下でやりたい〟

と言って聞かないから、こっちが折れたんです。

入社させた理由のひとつは、彼女が学生時代に寮長をやっていたということです。もし選手で失敗しても教育係としてなら使えるんじゃないかと。だって十人で走らせたら、一番遅いんですよ。８００ｍ走らせたら、自己新だというのに中学生の記録よりも悪い。ただ、ひとつ得意なのが下りを走ること。だからマラソンをやらせたんです。

アトランタでも30㎞過ぎの下り坂からスパートしたけど、あれは作戦でも何でもない。あの子は下りになると自然に走っちゃうんです。長所を精一杯生かすのがマラソンなんですよ。

1998

長野オリンピック

１９６４年の東京、１９７２年の札幌に続き、日本で３度目となる五輪開催は長野の冬季大会だった。圧巻だったのはスピードスケートの清水宏保。そして日本中が固唾を飲み、祈るような気持ちで見守ったのがジャンプの団体戦だった。

悪夢と歓喜の４年越しのドラマ——原田雅彦

これまで数々のスポーツを取材してきたが、これほどの大逆転劇はちょっと記憶にない。私の記憶もスキーウェア同様、まだピカピカのままだ。目をつぶると、今でも白馬の冷気が記憶の底から甦ってくる。古い取材ノートには「気温、氷点下1・5度」と書いてある。そのノートがペラペラなのは吹雪の名残である。

長野オリンピック。

１９９８年2月17日、この日、競技場のある白馬は朝から吹雪に見舞われた。

ノルディックスキー・ジャンプ団体戦（ラージヒル、K点＝120メートル）。個人ラージヒルが行われた15日にははっきりと確認できたシャンツェ後方にそびえる山の稜線がこの日は灰色の空の彼方にくすんでいた。

降り続く雪と突風のため、トライアルジャンプは途中でキャンセルされた。天気のい日ならカラマツやスギの間を楽しげに渡っているシジュウカラも、この日ばかりは森の中でじっと息を潜めたままだ。

競技は予定より32分遅れの午前10時2分に開始された。第1ラウンドの第1グループ、日本の先陣を切ったのは個人ラージヒル6位の岡部孝信。いきなり121・5メートルのK点越え。125・5メートルを飛んだドイツのスヴェン・ハンナバルトに次ぐ飛距離。首位まで9・7ポイント差。十二分に斬り込み隊長の役割を果たした。

2番手は安定感のある斎藤浩哉。個人ラージヒルでは不運の追い風に見舞われ予選落ちに泣いたが、ワールド杯2勝の実力は世界でもトップクラス。その斎藤に今度ばかりは風が味方した。絶好の向かい風に乗り130メートルの大ジャンプ。

一時は機嫌を直したかに見えた白馬の女神が再びヒステリーを起こしたのは第3グループのジャンプも後半に入ってからだった。

第1ラウンド……よぎる「リレハンメルの悪夢」

13チーム中、10番目に登場したオーストリアのシュテファン・ホルンガッハーは激しい雪と横風にあおられ104・5メートル。フィンランドのエース、ヤンネ・アホネンは完璧なテイクオフを決めながら101メートル。続くドイツのハンスイェルク・イェックレも96メートルに終わった。ワールドクラスのジャンパーたちの失速は気象条件の突然の悪化を意味していた。

そして13番目、すなわち第3グループのファイナル・ジャンパーとして猛吹雪の中を日本の原田雅彦は飛び出した。

原田の名前がコールされた瞬間、吹雪が逆巻く濁流となってシャンツェを駆け上がった。

原田は助走路のどの部分にいるのか。テイクオフはうまくいったのか。空中での飛型姿勢はどうなのか。白いベールと化した吹雪が視線を遮る。と、その時、原田の姿が亡霊のようにフッと現れ、P点（90メートル）のはるか手前で力無く沈んだ。

原田の脳裡を過《よぎ》った、リレハンメルの悪夢。

手許にデータがある。助走路のスピードは10番目のホルンガッハーが89㎞、11番目のアホネンが89・3㎞、12番目のイエックレが88・8㎞。そしてこのグループ最後の原田にいたっては、わずか87・1㎞のスピードしかもらえなかったのだ。気の毒なことに原田は白馬の女神の気まぐれの、最大の犠牲者になってしまったのである。

この時、おそらくすべての日本人がひとつの映像を脳裡に甦らせたはずだ。4年前のリレハンメル五輪ジャンプ団体戦。原田、葛西紀明、西方仁也、岡部孝信の4人で構成する日の丸飛行隊は7本を飛び終え、2位ドイツに55・2ポイントの大差をつけていた。距離に換算するとアンカーの原田が104メートル飛べば、日本は史上初の団体戦金メダルを獲得できる手はずだった。

しかし――。テイクオフのタイミングを間違えた原田は空中でみるみる失速し、目標の地点よりもはるか手前に落下した。無情の97・5メートル。普段は陽気な男が、この時ばかりはじっと頭を抱え込んだまま立ち上がることができなかった。皮肉にも物語はここから始まったのである。

第2ラウンド……原田は彼方へ「着陸」した

原田の失速で順位をひとつ下げた日本は、第4グループの船木も風に嫌われ、ドイツ、ノルウェーにも抜かれて4位に後退した。首位オーストリアとの差は13・6ポイント。飛距離にして8メートルたらず。

この結果を受けてコーチの西方千春は言った。

「大丈夫だよ。ウチにはホームランバッターが揃っているから」

果たして西方の予言は、これより約1時間後、ピタリ的中することになる。

第2ラウンドは横殴りの雪の中で始まった。8人目、スロベニアの選手が飛び終わった時点で視界不良となり25分間の中断を余儀なくされた。このまま競技の続行が不可能と判断されれば第1ラウンドの結果だけで順位が決定される。すなわち日本は4位。そうなれば、またしても責任の所在は原田に求められる。もはやこれは精神的な拷問と言っていい。

この時、原田はこう思ったという。

「正直言って（リレハンメルの時と）同じ状況が来たんだなって……。だから、もう2

回目はできるだけ遠くへ飛ぼうって。そう、できるだけ、できるだけ……」

日の丸飛行隊の失速ムードを振り払ったのは斬り込み隊長の岡部だった。持ち前のロケットのようなジャンプで137メートルも飛んでみせたのだ。もちろん、このシャンツェのバッケンレコード。岡部の豪快な〝先頭打者ホームラン〟で日本は3チームを抜き去り、一気の首位へ。氷点下の白馬に「オカベコール」がこだました。

斎藤も続いた。〝ジャンプ界の篠塚〟と呼ばれるほど安定感のある斎藤は、2本目もきっちり124メートルを飛び、5・2ポイント差で首位をキープした。そして、金メダルへのバトンは〝ミスター・ドラマチック〟の原田へ。

「できるだけ遠くへ、できるだけ……」

泣いても笑っても長野での最後のジャンプ。風は2・1メートルの向かい風。助走路では89・9㎞のスピードを得た。

テイクオフのタイミングはピタリと決まった。スキー板の角度はほとんど45度。グレーの空に剣先を突き立てた。まるで虹を描くようなスーパージャンプ。「オオッ！」というどよめきがスタンドを揺らした。

K点をはるかに越え、いったいどこまで飛んでいくつもりなのか。しゃがみ込むようなランディングは「着地」というより「着陸」という表現の方がふさわしいようにさえ思われた。そう、原田は大気圏に突入したあと、ゆっくりとこの地球上の雪面に舞い降りたのである。

バッケンレコードタイの137メートル。実は120メートル（K点）地点から135メートル地点まで5メートル間隔で植えられていた杉の葉が、この日は140メートル地点にまで延長されていた。個人ラージヒルでの大飛行におそれをなしたジュリー（審判団）が、計測を容易にするため、新しい杉の葉を植え込んだのである。

この度肝を抜くスーパージャンプで、日本は事実上、金メダルをほぼ確実にした。2位ドイツとの差は24・5ポイント。早くも涙腺をうるませた原田は声にならない声を張り上げた。

「フナキ～、フナキ～、頼むぞォ～」

第4グループ、大トリを務めるのは若きエース船木。彼の「世界一の飛型」をもってすれば、106メートルも飛べば悲願は達成される。

「原田さんの重圧がわかった」

しかし、ジャンプは魔物である。白馬の女神の機嫌しだいで風はどのようにも変わる。機嫌を損ねないうちに仕事を終わらせなければならない。

この島国の期待を一身に背負って船木が飛んだ。いつもながらの低い姿勢、風を切り裂く高速ジャンプ。伸びる、伸びる……。K点越えの125メートル。すぐさま電光掲示板に目をやり「JAPAN」の文字を確認する。

それにしても、この22歳の冷静さはどうだろう。彼の実力をもってすれば、130メートル級の大ジャンプも夢ではないのに、確実に金メダルを獲りに行った。ホームランもタイムリーヒットも自在に打ち分ける史上最強の4番打者。ドラマをつくったのが原田なら、歴史をつくったのは船木だった。

ブレーキングゾーンでガッツポーズの船木。そのままばったりと背中から倒れ込む。その船木めがけて原田、斎藤、岡部の3人が駆け寄り、抱き合い、奇声を発し合う。そして万歳三唱。日の丸で悪くはないが、北海道の大漁旗はもっといい。

あっという間にプレスゾーンを駆け抜け、スタンドに飛び込もうとする船木。その船木の背中めがけて吹雪が舞う。白馬の女神はこの「美形」の青年にほのかな恋心を寄せたのか、ほんの一瞬、いたずらをためらったのだ。

その船木は語ったものだ。

「リレハンメルでの原田さんの重圧がわかった。原田さんは、この重圧の中で飛んだのかって……。目に見えない重圧……これは言葉にできない」

船木の傍でただ泣き崩れる原田。頭に積もる雪を払おうともせず、嗚咽をこぼし続ける。

テレビのインタビュアーがそんな原田にマイクを突きつける。

「リレハンメル？　ここは長野だからさぁ。4人力を合わせて金メダル獲ったの。4人でタスキを渡し合ったんだよ。オレじゃないよ、オレじゃない。皆なんだよ、皆。皆、よく頑張ったよ。最高だよ」

振り返れば、リレハンメル以来の長いドラマだった。失速と大飛行を繰り返し、風や雪までも演出の小道具として利用し、最後は長野での大逆転のハッピーエンド。4年に及ぶ大河ドラマの脚本を書き終え、主演まで演じた原田雅彦とは、いったい何者なのだろう。

風に乗り、風に嫌われ、それでも風を求めるのがジャンパーの宿命だとしたら、この競技はあまりにも人生に似過ぎている。

翌日、白馬の空はカラリと晴れ渡っていた。

二度とない重圧の300日——清水宏保

1998年長野冬季オリンピック、スピードスケート500メートル金メダリストの清水宏保は、JOC（日本オリンピック委員会）の依頼を受け、代表候補選手たちに講演を行っている。演題は「覚悟」だ。

「極論をいえば、死を覚悟して挑むのがオリンピックです。オリンピックの300日あまり前からの緊張は、なかなか経験できるものではありません。僕の場合、血尿が出始めました。嘔吐もした。夜中、何もしていないのに、急に心拍数が上がり動悸が激しくなって目が覚めることもありました。

しかし、こんな経験を味わえるのは、長い人生の中でもオリンピック前の何か月間かだけです。転倒した夢も見ました。それでバッと飛び起きる。金メダルの夢なんて、ひとつも見ない。見るのは悪い夢ばかりでした。

毎日が不安と重圧との闘いです。でも、今振り返ると、あの時間がものすごく貴重だったことに気づかされるんです。僕はオリンピック前の1年を、全てスケートのために費やした。だから、〝やりきった〟との思いで本番のリンクに立つことができたんです」

98年2月10日、長野市エムウェーブ。前日の1回目で35秒76のオリンピック新記録を叩き出してトップに立った清水は、2回目もスタートから飛び出した。

スピードスケートの500mは、文字どおり100分の1秒を争う究極のタイムレースである。距離にすると1・5cm。1円玉の直径にも満たない。スタートの出遅れは致命傷となる。

ロケットスタートを売り物にする清水には、ライバルの他にも敵がいた。スターターである。

「中には〝顔も見たくない〟というスターターもいますから……」

そう前置きして、清水は続ける。

「ピストルの音を聞いて反応していたんじゃ遅いんです。僕はスターターがピストルの引き金を引く音を聞き取ってスタートするんだ、という意識でいました。聞くというより、感じるといった方が正しいかもしれません。大事なのは、スターターとの間合い。長野ではこれがピッタリ合いました」

念を押すが、清水が聞き取ろうとしたのは「パン」というピストルの空砲ではない。「引き金を引く音」である。その一点に全神経を集中させたのである。

それだけではない。

「音に筋肉を反応させるトレーニングを積んできました。何か音が鳴れば、部分的に筋肉を動かす。身体全体を反応させるのは無理ですから。たとえば僕の場合、大腿四頭筋だけをビクッと動かす。そうすることで頭の中で〝動かそう〟と考えてから行動に移る際のタイムラグを、少しずつ削っていったんです」

スタートからゴールまで完璧なレースを披露した2日目の清水のタイムは35秒59。2日間の合計タイムを1分11秒35とし、2位のジェレミー・ウォザースプーン（カナダ）以下を全く寄せつけなかった。日本スケート界の悲願を達成する圧巻の金メダルだった。

小柄な男が大きく見えた理由

私には表彰台の光景が忘れられない。銀メダルのウォザースプーンの身長が１９０センチ、銅メダルのケビン・オーバーランド（カナダ）が184センチ。対する清水は161センチ。2人の大男に挟まれた姿は、まるで少年のようだった。

それでもリンクに立つと、清水は誰よりも大きく映った。

以前それについて尋ねると、清水は、こう答えた。

「大きく映るということは、身体の隅々までうまく使いこなせていたということでしょう。そして、しなやかだったということ。しなやかに滑っていると、フッと手の位置が乱れても、すぐに立て直すことができる。指先まで余計な力が入っていないから、そうすることができたんです」

レース前の準備も万全だった。清水はオリンピックの1年前から練習場の中でシミュレーションを行っていた。

「常にやっていたのはメンタル面のリハーサルです。観客席に座り、ひとりの観客になった気分で、客観的に自分を俯瞰できるように心がけていました。レース後に自分がいちばん表彰台の高い所に立ち、日の丸が揚がるのを見ている姿をイメージしたんです」

細部のイメージにもこだわった。

「どこでアクセルを踏み、ブレーキをかけ、スピードを緩めるか。要は車のレースと同じなんですよ。１００パーセント完璧なレースをイメージしていても、人間はどこかでミスを犯す。そのミスをどれだけ少なくするか。それもまたイメージする。これを何度も何度も繰り返し行うことで完成度を高めていったんです」

スケートの最高時速は60㎞に達する。コーナリングの際は40㎞にまで落ちるが、バランスを保つのは容易ではない。体は45度に傾斜する。

そこで重要になってくるのが「アゴの位置」だと聞いて、私は驚いた。

「コーナリングの際は、顔が地面に対して並行になる。その際、どれくらいのG（重力加速度）がかかっているか定かではないんですが、専門医の研究によると、アゴの位置が右にズレていくというんです。すなわち、僕たちはアゴの位置でバランスをとっていたという結論が導き出されたんです」

自らの体験を元に、理路整然と話す清水には「氷上の哲学者」のイメージがある。現役時代には「筋肉と会話のできる男」とも言われた。

「あぁ、そういう時代もありましたね。昔は（筋肉が）シックスパック。でも今はワンパックです（笑）」

PART3

2000年代

——シドニー、アテネ、北京

2000

シドニー・オリンピック

南半球では1956年のメルボルン大会以来、2度目のオリンピックであるシドニー大会。女子マラソンで金メダリストになった高橋尚子は、国民栄誉賞に輝いた。柔道では谷亮子と篠原信一の結果が明暗を分けた。

美しき破壊者――高橋尚子

トンネルをくぐると、そこは青空が広がっていた。春というより、初夏を思わせる南半球の強い陽射しが、細身の日本人ランナーの凱旋を待っていた。

競技場に入り、青い目のランナーの猛追に遭いはしたものの、背後を脅かされるというほどのものではなかった。ゴールの瞬間、高橋尚子は両手を高々と突き上げ、9万人近い観客のスタンディング・オベーションにこたえた。

両腕に日の丸と抱え切れないほどのブーケを抱え、師である小出義雄の姿を探した。

「おーい高橋。よくやったぁ」

スタンドの通路で小出が叫んだ。叫び声は大歓声にかき消され、高橋の耳には届かない。

「一番最初に監督の顔が見たかった」

健気にも高橋は言った。

「今、会えてよかったです。無事にゴールにたどりつけました。ありがとうございました」

師弟は熱い抱擁をかわした。

「この今のときに生きていて監督にお会いできて本当によかった」

テレビのインタビューにこたえて高橋は言った。

プレッシャーはなかったか？ という質問には「緊張というより集中してました」とはっきり答えた。そして、続けた。

「（金メダルの）実感はまだありません。途切れることのない声援が私を後押ししてくれました。42・195キロがとても短く感じられました」

続く記者会見では、こんなことも言った。

「これで目標を果たし、目指すものがなくなった。終わってしまったんだなァ……と思うと、ちょっと寂しいような、ホッとしたような複雑な気持ちです」

涙はなかった。ケロリとした笑顔が彼女の潜在能力を余すところなく物語っていた。

勝った者が強い——。

最強のランナーが勝てるとはかぎらないのがオリンピックのマラソンだ。だから、42・195kmのレースの勝者を、これまで私たちはそのように称えてきた。

しかし、シドニーのレースでは、真に強い者が勝った。一番、力のある選手が最大限の力を発揮し、真っ先にゴールのテープを切った。しかも、表情にも会心の笑みを浮かべて。

五輪史上、最難のコース

私は運河を見下ろせる小高い丘の上に宿をとった。ホテルの横を通るミラーストリートはマラソンコースになっており、最初の難関とされるハーバーブリッジへとつながる。そこはスタートして1kmから2kmの地点にあたる。

数日前の早朝、ジョギングウェアに着がえてこの道に出ると、同宿していたジャーナリストやテレビリポーターたちが、のどをゼエゼエ鳴らしながら試走していた。わずか1キロの区間とはいえ、ジェットコースターのような急勾配を、自らの足で実感しようというわけだ。考えることはみな同じらしい。

スタートして約100mの地点が海抜90m、ここから急な下り坂が続き、1・5km地点では30mにまで下がる。日経平均株価にたとえるなら、ここで株価は底を打ち、ここから3km地点のハーバーブリッジにかけて再びグラフは急激な右肩上がりの図を描く。わかりやすく言えば、1・5km地点がVの字の底の部分にあたるわけである。

それが大して意味のないこととは知りつつ、どんな体験もしないよりはしておいたほうが多少はマシだろうという甘い考えのもと、私たちは1kmから2kmの区間、すなわちVの字の部分を走った。1kmから1・5kmにかけて、転がるように坂道を下ると、さぁ、そこからは上り坂だ。長年、貯め込んだアルコールがヘモグロビンを破壊し尽くしたのか、ここでピタリと足が止まる。ホノルルでフルマラソンを経験したことがあると自慢気に語っていた者ですら、足かせをはめられたように失速し、ハーバーブリッジの手前でヒザを折り、激しく嘔吐した。

しかし、選手たちにとって本当の勝負は30kmを過ぎてからだ。高低差20m以上の坂を

4カ所も乗り切らなければならないのだ。「オリンピック史上最難のコース」と呼ばれる所以《ゆえん》がそこにあった。


9月24日、日曜日。

天候はくもり。

気温16度。

午前9時（現地）スタート。

スタートとともにベルギーのマールレン・レンデルスが飛び出した。その後ろに大きなトップ集団が形成され、日本の高橋尚子、市橋有里、山口衛里らも含まれていた。もちろん優勝候補のテグラ・ロルーペ（ケニア）、リディア・シモン（ルーマニア）、そして前回アトランタ五輪の覇者ファツマ・ロバ（エチオピア）らも集団の中でそれぞれのレースプランを反芻していた。

いくつかのレース展開が考えられた。タイムだけを比較すれば2時間20分43秒の世界最高記録を持つロルーペと2時間21分47秒の世界歴代2位の記録を持つ高橋が軸となる。マラソンには経験や作戦が必要とはいっても、スピードの絶対値が違えばアップセットを起こすのは難しい。つまり、他のランナーはこのふたりのランナーの仕掛けについていくことが競り勝つ上での前提条件となる。

では、このふたりのスピードランナーが負けるとすれば、どんな展開か。42・195㎞の中で何度か試みるであろう彼女たちのスパートに食い下がり、並走状態を持続しながら、後半の勝負どころで一気に抜き去る——。競馬にたとえて言えば、第4コーナーを回ってからの叩き合いに持ち込むしか方法はない。今回の選手の顔ぶれを見ればシモンこそがこの戦術の最高の使い手であり、持ちタイムこそ2時間22分54秒ながら、有力な対抗馬として本命に近い評価を得ていた。

あっという間に3人に

5㎞通過のスプリットタイムはレンデルスが16分42秒。その後ろにつけていた高橋たちは17分00秒。決して速くはない。いや、遅い。7㎞付近の給水地点で山口が転倒するというアクシデントが起きた。高橋はサングラスで顔を隠しているため、表情がうかがえない。

10㎞を通過しても、トップはまだレンデルス。センテニアル公園の風を受け、束ねた髪が揺れる。しかし、後続の集団との差は徐々に縮まり、やがてベルギー人も集団の中の一員となる。なだらかな坂を下りながら、トップ集団はセンテニアル公園からアンザック通りへ。先頭はイタリアのマウラ・ビスコンティ。一路、南へと進路をとる。

沿道にはユーカリの木々。こぼれ陽の中、驚くほど多くの日の丸が春風になびく。シモンの汗の量が気になる。

スタートしてから15㎞の通過タイムは51分19秒。この付近でロルーペがスローダウンし始める。

仕掛けたのは高橋だった。18㎞付近でいきなりペースを上げ15人近い集団を壊しにかかる。ついてきたのは市橋、シモン、キム・チャンオク（朝鮮民主主義人民共和国）、エスタ・ワンジロ（ケニア）の4人。しばらくしてキム、ワンジロのふたりが遅れ、トップ集団は高橋、シモン、市橋の3人となる。

シモンはともかく、市橋がついてきたのは意外だった。彼女の勝負師としての一面を見る思いがした。メダルだけが狙いなら、自らのペースを保ち、3位を確保する作戦に切りかえることができたはず。しかし彼女はオール・オア・ナッシングの賭けに出た。ついていかないことには勝負にならないとの危機感が積極策を選ばせたのだろう。

しかし、難所といわれたアンザックブリッジの上り坂で高橋が再スパートをかけると、もう彼女の背中を見送るしかなかった。背中は徐々に遠ざかり、あっという間に視界から消えていった。

かくして29㎞過ぎからレースは高橋とシモンのマッチレースとなった。前を走る高橋に無言のプレッシャーをかけるかのようにシモンはライバルの背後に身を隠した。

サングラスの捨て場所

おそらく日本中の視聴者があるシーンを脳裡に思い浮かべたに違いない。

今年1月に行われたシドニー五輪選考を兼ねた大阪国際女子マラソン。日本の弘山晴美は35㎞地点でスパートをかけ勝負に出たものの、シモンの驚異的な粘りにあい、競技場に入る直前で逆転されてしまう。

このとき、シモンは氷のような表情を少しも緩めることなく、次のように言い放った。

「私の方が少し根性があったようね」

高橋とシモン、ふたりだけの並走は、約6㎞にわたって続いた。経験豊富で勝負強いシモンのこと、彼女がスパートをかけたとき、そこでレースは終わる。逆に言えば、勝てると百パーセントの確信を得たときにしか彼女はスパートしない。

勝つ確率を１パーセントでも高めるためには少しでもスパートのタイミングを遅くしたい。ギリギリまで高橋についていって、できれば競技場での勝負に持ち込みたい。シモンはこのようなシナリオを描いていたはずだ。

もちろん、高橋がそれを知らないわけがない。高橋にすれば、早めに厄介な背後霊を振りほどき、ひとり旅の状況をつくりたい。自らの影を踏まれるレースとの訣別のタイミングを高橋は慎重に見計らっていた。

それが35㎞だった。緩やかな上り坂を前に、高橋がサングラスを放り捨てた。それを合図に３度目のスパートをかけた。いよいよシモンを斬り捨てにかかったのだ。

あとでわかったことだが、高橋がサングラスを投げつけた相手は父親の良明さんだった。先導するバイクに当たり、サングラスはその場にコロンと転がったが、この地点に父親がいたということは、いったい何を物語るのか。

深読みすれば、父親は大切な任務をおびていたということになる。大阪国際女子で弘山がシモンに抜かれかけたとき、コーチでもある夫の勉はその場に居合わせることができなかった。逃げる弘山は後ろから迫るシモンとの距離を正確に把握することができなかった。35km地点を観戦の場所に選んだ父親の思いとは、いかなるものだったのだろう。それともただの偶然だったのか……。

それについてレース後、高橋はこう語った。

「30kmくらいから、もうサングラスをはずしたいなって思っていたんですけど、知り合いがいなかったので監督を捜してたんです。監督が見当たらなかったので、どうしようってキョロキョロしていたら、身内というか親がいるのがわかったので、親のほうへ思いっきり投げたんです。バイクの人にぶつかって跳ね返ってきて戻ってきちゃったんで『あっ、戻ってきちゃった』と思ったときにちょうどシモンさんが少し遅れたので、いい具合にスパートしたみたいなかたちになったんです」

35km地点でのスパートは、もちろん競技場での勝負を避けたい気持ちからきたものだった。

もう1周あったら……

レース後、小出はこんな秘策を明かした。

「私たちね、32kmのところに宿舎とってたの。ここで毎日、朝夕2回、（アップダウンが続く）32kmから37km地点の５kmをスパートする練習をしたんだ。『ここが勝負だよ、ここが勝負だよ』と言いながらね」

それを受けて、高橋は言った。

「私はアップダウンが好きなので、32kmから35kmの間に少しでも離したいと思った。シモンさんは（米ボルダーの）練習で見ていても強い人だとわかっていたし、トラックまでは一緒に行きたくないと思っていました……」

後半の難所でのスパート。自信の裏付けは米国コロラド州ボルダーでの高地トレーニングにあった。高橋は空気の薄い３５００ｍの高地で走り込みを行った。

「マラソンはね、毛細血管がすべてなんだよ」

小出がこうつぶやくのを、何度か聞いたことがある。アフリカの高地で生まれ育った選手と比べた場合、心肺機能の面でハンディキャップを抱えるというわけだ。

――苦しいレースだったか？

という質問に、高橋はサラリと答えた。

「練習ではもっとハードなコースを走っているので、それほどハードだとは思いませんでした」

シモンとの差は見る見るうちに広がり、39㎞付近では１００メートルもの差をつけた。タイムにして約27秒差。金メダルがはっきりと見えてきた。

競技場に入る直前、高橋は何度か後方を振り返った。シモンとの距離を確認したかったのだろうが、うまく彼女の姿をキャッチすることはできなかった。

スタートしてから、２時間21分20秒後に高橋はメインスタジアムに足を踏み入れた。2台ある大型のスクリーンに彼女の姿が映し出された瞬間、祝福の歓声と拍手が巻き起こった。

シモンの粘りもまた立派だった。一縷の望みを信じて、最後の体力をしぼり切るようなスパートを演じた。

「うわァ、まずい。逃げろ」

トラックに入り、シモンの姿をやっと目でとらえることができた高橋は、ほんの少し焦った。

「もう1周あったら負けていたかもしれません」

師弟揃って、そう口を揃えた。

勝てばこそ、口にできたセリフだった。

「駆けっこ好き」の師弟コンビ

マラソンは人生の縮図である――。かつてはそんな表現が大手を振ってまかり通っていた。苦しさに耐え、粘って、粘って、最後に勝利を掴む。テレビの『水戸黄門』ではないが、印籠をここぞとばかりに出すシーンを見て溜飲を下げるには、前半部分の苦節に耐えなければならない。抑圧が強ければ強いほど、カタルシスもまた大きい。マラソンにも同じことが言える。

しかし、高橋は、花登筐《はなとこばこ》風のドラマとは無縁のランナーである。駆けっこが好きで好きでたまらない、と表情に書いてある。名誉がほしいために走るのではない。ただ走るという行為が好きなのだ。金メダルはあくまでも、自らの表現行為の結果に過ぎない。

翌日の朝、目を覚ました高橋は少しばかり慌てた。大切な金メダルがどこにもないのだ。あたりをキョロキョロとうかがって、床に光るものがあった。

「なぁんだ、ここに落ちていたのか」

無頓着な高橋にとっては、迷子になっていた子犬が戻ってきたくらいの心境だったのかもしれない。

「駆けっこが好きで好きでたまらない」

とは、実は小出がしばしば口にするセリフである。

「オレはとにかく走るのが三度のメシより好きなんだ。この気持ちだけは、お前らには絶対負けないからな」

選手に、そう啖呵を切るのを何度か聞いたことがある。

監督は選手に何かひとつ勝つものがなくてはならない。というのが小出の持論である。もちろん、小出の場合、それは「走ることへの情熱」である。

「私は今でも毎日10㎞のジョギングを欠かしません。なぜなら走ることが好きで好きで仕方ないからです。雨、風、嵐、そんなものはまったく平気で、二日酔いでヘドを吐いても走る。

毎日の生活でも、とにかく、寝ても覚めても練習のこと、レースのことばかり考えている。それ以外のことを考えている時間はありません

〝あの子は、これだけ走らせたらタイムが20秒伸びた。あと1年間は、こういう練習をさせて、それから次は……。よし、シドニーでメダルだな。よしよし〟こんなことを考えているのが、私の至福の時間なんです。寝ながらでも、こんなことを考えています。

我ながら、ほとんど病気だなと考えることもありますよ」

無邪気な笑顔と無慈悲な疾走

私は高橋が小出門下に加わって間もない頃のことを今でも鮮明に覚えている。

小出は私に「今度、岐阜からきた子がいるんだけど、この子は必ず強くなるよ。まあ、見ていて下さいよ」と言ったのだ。

その理由が振るっていた。いや、おかしかった。小出は私に歴史の話を好んでするのだが、このときはこんな〝持論〟を展開した。

「ねえ、織田信長にしろ、豊臣秀吉にしろ、徳川家康にしろ、戦国時代に天下をとったのは美濃、尾張、あるいは三河の人間で、みな東海地方の人間だ。なぜだと思う?」

返答に窮していると、小出は自ら話を引取った。

「オレが思うに、食べ物がよかったんじゃないかな。あのあたりは魚介類が豊富で、戦国時代、他の地域の下級武士や百姓がアワやヒエを食べているとき、あの地方の人間は魚介類を主食にしていたというんだな。魚介類にはカルシウムが豊富に含まれている。頑強な骨や肉体は親から子へ、子から孫へと受け継がれていくものなんだ。だから、この子にも期待しているんだよ」

別に魚介類を食べているのは東海地方の人間だけではないと思うのだが、小出の語りには有無を言わせぬ説得力があった。選手への強い思いこみと肩入れが、言葉に赤い血を通わせていた。


私が思うに、指導者としての小出の究極の理想は、「勝つランナー」をつくることではなく、「最強のランナー」をつくることにあるのではないか。その意味で高橋の出現はマラソンの概念をも変えたと言える。

マラソンランナー・高橋の最大の魅力と強みは自らレースをつくり、仕掛けていく点にある。それは相手のペースを破壊することと同義である。彼女がスパートをかけたが最後、まるでマシンガンをぶっ放したようにマラソンロードは死屍累々、ぺんぺん草も生えない荒野と化す。

美しき破壊者——。私は彼女にそんなイメージを抱いている。無邪気な笑顔ほど残酷なものはない。無慈悲な疾走ほど耽美なものもない。

「最高でも金、最低でも金」──谷亮子

瞬きすら許さない、電光石化の早業だった。

シドニー五輪、柔道女子48kg級決勝。相手はロシアのリュボフ・ブロレトワ。

谷亮子（旧姓・田村亮子）の内股が鮮やかに決まった瞬間、ブロレトワの体はクルリと宙を舞った。わずか開始38秒。

「初恋の人に巡り合えたような気持ちです」

やっと手にした金メダルへの思いを、谷亮子はそのように表現した。

長い長い8年間だった……。

「悔しくて悔しくて、眠れない日が2カ月ほど続きました」

96年8月のアトランタ五輪。柔道女子48kg級決勝。相手は朝鮮民主主義人民共和国（北朝鮮）のケー・スンヒ。初めて戦う未知の相手だ。

「普通にやれば勝てるかな」

そこに一瞬の隙が生じた。

奥えりをがっちりとつかまれ、技が繰り出せない。

残り時間1分。

「もう行くしかない！」

覚悟を決めて前へ出た谷亮子に、思わぬ返し技が待っていた。畳の上で足を滑らせてしまったのだ。

効果をとられての判定負け。

谷亮子は号泣した。

「今考えたら、私の気持ちのどこかに油断があったんでしょうね。〝普通に4分間戦えば勝てる〟と考えたときに心の隙が生じたのかもしれません……」

悪い夢でも見ているのではないか――。選手村に帰ったあと、谷亮子は恐る恐るメダルの入った箱を手にとった。そして、ゆっくりとフタを開けた。谷亮子がひそかに期待したのは、まばゆいばかりの輝きだった。

しかし――。

「目に入ったのは鈍い光でした。そこにあったのは、やっぱり銀メダル。ああ、本当に負けてしまったんだなぁ……。しばらくの間、何もする気が起こりませんでした」

谷亮子はアトランタ五輪の4年前、92年のバルセロナ五輪で、初めて絶望の味を知った。

「もう二度と、あの悔しさだけは味わいたくない」心に固く誓って臨んだアトランタだけに、ショックの度合いはバルセロナの比ではなかった。

憧れのブリッグスを倒した日

自分には運が足りないのかもしれない、と悩んだこともあった。運を克服するにはいったい何をすればいいんだろう……。考えれば考えるほど、迷路に迷い込み、出口を求めてさ迷った。やがて、ひとつの境地にいたる。

「負けたのは自分が弱かったから。運が足りないのではなく、実力的に何かが足りなかった。きっと神様がそれを探しなさいと私に試練を与えているに違いない」

神は人に超えられない試練は与えないという。それを超えられる人間だけに試練を与えるともいう。

「原点に戻ろう」

谷亮子はそう考えた。

小学2年生で柔道をはじめた谷亮子が初めて世界一になったのは中学3年生の時だ。福岡国際女子柔道選手権大会。

当時の谷亮子には憧れの女子柔道家がいた。イギリスのカレン・ブリッグスだ。同じ48kg級の選手で、それまで世界選手権で5度の優勝を飾っていた。このブリッグスと谷亮子は決勝で対決した。

いざ勝負となったら相手が憧れの選手とはいえ、話は別だ。谷亮子はあらん限りの力を目に込めてブリッグスをにらんだ。

「試合になったら、絶対に対戦相手から目をそらすんじゃないぞ」

それが師である稲田明の教えだった。

すると、どうだ。あろうことかブリッグスが先に目をそらしたのだ。

「勝てる！」

その瞬間、谷亮子は勝利を確信した。〝女王〟ブリッグスを相手に合わせ技での一本勝ち。

ブリッグス時代から谷亮子時代へ――。歴史の歯車がコトンと音を立てた瞬間だった。

「どこからでもかかってきなさい」と思えた決勝

シドニー五輪前、谷亮子は力むでもひるむでもなく、淡々とした口調でこう語った。

「オリンピックは確かに4年に一度の特別な大会だけど、それを意識しすぎると最高の力が出せなくなってしまうんです。大切なのは、いつも平常心、自然体でいるということ」

そしてきっぱりと言い切った。

「今度は最高でも金メダル、最低でも金メダルです」

ブロレトワとの決勝。10年前、ブリッグスに対してそうしたように、谷亮子は相手をにらまなかった。勝負の怖さも切なさもすべて知り尽くした25歳は、終始、澄んだまなざしを相手に向けながらも、しかし一度も目をそらすことはなかった。

この時点でブロレトワはヘビににらまれたカエルも同然だった。

「どこからでもかかってきなさい。あの時にはそう思える自分がいたんです」

明鏡止水。この境地に達するまでに谷亮子はおびただしい量の涙を流してきた。

夢を追い、夢に敗れ、敗れた夢をつくろいながら生きてきた8年という時間。それだけの時間があれば、人は挫折を経験しても、それを糧にもう一度、自分の足で立ち上がることができる。たとえ、大切な恋人を失っても、また次の恋をはじめることができる。

しかし、五輪は泣いても笑っても4年に一度だけ。バルセロナの涙から8年、耐え抜いた時間の重さは金メダルの比ではなかった。

世紀の大誤審——篠原信一

数ある五輪競技の中で、金メダル以外は負けと見なされるのは、日本では柔道だけだ。それこそは、柔道ルーツ国の誇りでもある。

「だから僕は銀メダルや銅メダルを獲った選手に対し、絶対におめでとうとは言わない。金メダルを目指してやってきた選手達にそう言うのは、むしろ失礼でしょう。僕からは〝ご苦労さん〟としか声をかけません」

自身の経験を踏まえてそう語るのは、元柔道男子日本代表監督でシドニー五輪銀メダリストの篠原信一である。最近では、すっかりバラエティー番組での三枚目ぶりが板についてきた篠原だが、21年前は日本中の同情を一身に集める〝悲劇の人〟だった。

決勝で誤審に泣いた篠原は、表彰台に上がってからも涙が止まらなかった。それは負けた悔しさゆえではない。

「その真相をお話します」

巨体をソファに沈めると、篠原はおもむろに語り始めた。

2000年9月22日、シドニー五輪柔道男子100kg超級決勝。篠原には1988年ソウル大会以来の最重量級金メダルの期待がかかっていた。

相手はフランスのダビド・ドゥイエ。オリンピックでは92年バルセロナで銅、96年アトランタで金（いずれも95kg超級）。シドニーでは五輪連覇を狙っていた。

篠原にとって、最初の誤算は組み合わせ抽選だった。実力者や苦手としている選手が、全て自らのパートに集まってしまったのだ。

「キューバのウラジミール・サンチェスとロシアのタメルラン・トメノフ。特にこの二人はドゥイエのパートに行ってもらいたかった」

サンチェスとは4回戦で当たり優勢勝ちをおさめたものの、勝負は判定に持ち込まれた。トメノフは大外刈りで仕留めたが、3分43秒の戦いでスタミナを奪われた。

一方のドゥイエは全て一本勝ちでトーナメントの山を駆け上がってきた。双方の勝ち上がりの勢いの違いを見ていて、篠原にとって苦しい試合になることは、おおよそ察しがついた。

「こう見えても、僕はビビりなんです。向こうのパートを見て〝ああ、ドゥイエは調子いいやんけ。どうしよう〟なんて思うと、自信をなくすタイプ。だから、（勝ち上がりの状況は）僕の方からは一切、見ないようにしていました」

シドニー大会は、五輪史上初めてカラー柔道着が採用された大会でもあった。採用の理由のひとつが「どちらが技をかけたかわかりやすく誤審が減る」。今となっては大いなる皮肉である。

誤審よりも悔しかったこと

篠原は青、ドゥイエは白の柔道着で決勝の畳に上がった。

歓声と悲鳴が交差したのは、開始から1分半が過ぎたあたりだ。ドゥイエの内股を篠原が見事な内股すかしで切り返したのだ。柔道の醍醐味である〝柔よく剛を制す〟を、これ以上ないほど体現したシーンのように映った。

「ドゥイエは〝篠原は内股をすかす〟ということを知っていた。だから、内股を仕掛けてくるにしても、1回か2回やろうなと……」

　篠原によれば、ドゥイエの内股はケン、ケン、ケンの要領で足をはね上げてくる。3回目のケンに合わせて足を抜き、自らの引き手で相手の左袖を引くのだ。これが見事なタイミングで決まった。

「最後にグッと引くから、相手は背中から引っくり返るわけですよ。当然一本だと思い、思わずガッツポーズをつくってしまいました。ところが主審と二人いる副審のうちのひとりが有効のジェスチャーをしている。〝おいおい、なんでだ。今のは一本だぞ！〟おいおい、と思っているうちに〝はじめ〟の声がかかったんです」

　一本が有効にすり替わってしまったのだから平常心でいられるはずがない。気持ちを切り替えられずにいる篠原に、斉藤仁ヘッドコーチからの指示が飛ぶ。

「信一、オマエがポイントをとられているんだ。攻めろ！」

　篠原は激しく混乱し、動揺した。

「そこで掲示板を見たらドゥイエに有効がついている。〝おいおい、どうなっているんだ〟という気持ちですよ。〝本当はオレの一本だぞ。有効でもおかしいのに、それが相手のポイントになっている。審判は早く協議を始めてオレの勝ちにしてくれよ〟。戦っている間、ずっとそう思っていました」

審判への不信は、やがて焦りに変わり、時間だけが過ぎていく。まるでアリ地獄に足を取られているようだった。

「このままじゃヤバイ。負ける、負ける、負ける……！！ 焦れば焦るほど技ってかからないんです。そしてブザー。〝あぁ、オレは本当に負けてしまったんだ……〟気が付くと控え室の隅にすっぽりとタオルをかぶった自分がいました」

涙が頬をつたったのは、少し落ち着きを取り戻してからだ。

「実は2分40秒くらいにドゥイエは指導をとられ、ポイントの上では並んでいるんです。それなのに、自分は慌ててしまった。〝これが一本じゃないんだったら、何が一本なんだ。じゃあもう一回投げてやろう〟という前向きな気持ちに、なぜなれなかったのか。それが悔しくて、涙があふれ出てしまったんです。

よく柔道に限らず、武道は心技体が大切だと言われます。その中で最も大切なのが心の部分。自分は気持ちを切り換えられなかった。強い心を持てなかった。そんな自分自身に腹が立って、何でだ、何でだと……それが、あの涙の正体だったと思います」

この〝世紀の大誤審〟には後日談がある。コーチボックスから猛抗議をした斉藤は15

年1月に他界するまで、内股すかしが決まった瞬間の写真をカバンに入れて持ち歩いていた。

「先生、何で持っているんですか?」と篠原が問うと、斉藤はこう答えたという。

「あの時の悔しさを忘れてはいけないんだ。日本の柔道は……」

16年のリオデジャネイロ五輪で、男子柔道は全階級で金メダル2つを含む7つのメダルを獲得した。

誤審を超えて、今がある。

2004

アテネ・オリンピック

1896年の記念すべき近代オリンピックの第1回大会以来、聖火がふたたび五輪発祥の地に燃え盛ったアテネ五輪。水泳の北島康介、マラソンの野口みずきらの金メダルに沸いた一方、お家芸の柔道では、男女合わせて史上最多となる8つの金メダルを獲得した。

どん底から掴んだ金メダル――鈴木桂治

金メダルを無造作にズボンのポケットに突っ込んだままベッドに横たわった。翌朝、目が覚めて不安になった。

「昨日のことは夢だったんじゃないか……」

慌ててズボンのポケットをまさぐった。冷んやりとした手触りとともに黄金色の輝きが目に飛び込んできた。

「……ああ、オレは本当に勝ったんだ」

金メダルを掌に載せて、しばしの間、昨夕の感激の余韻に浸った。宿舎に差し込む日射しが、心なしかいつもより眩しく感じられた。

前日、100kg級の井上康生がまさかの敗北を喫した。同じ日に2度も天井を仰ぎ、メダルにすら届かなかった。日本柔道界の〝本丸〟の落城は、金メダルラッシュに沸く柔道選手団に冷水を浴びせる結果となった。いくら軽量級と女子でメダルを大量に獲得しても、男子の重量級が総崩れとあっては喜びも半減する。柔道が初めて五輪競技として採用された東京五輪では、4階級のうち3階級を制しながら、無差別級決勝で日本の神永昭夫がオランダのアントン・ヘーシンクに袈裟固めで押さえ込まれたことで、柔道ルーツ国の威信は地に堕ちた。その意味で100kg超級の鈴木桂治は重量級最後の砦としての重責を担っていた。

鈴木桂治は本来、100kg超級の選手ではない。2004年4月、福岡で行われた選抜体重別選手権で宿敵・井上康生と対決することなく準決勝で敗れた。左手薬指の負傷が組み手に微妙な影響をもたらした。この時点で事実上、100kg級での五輪出場の夢は絶たれた。

「情けない。自分にはまだ康生さんと戦う資格がないということ。これが僕の実力です」

試合後の記者会見。こちらが驚くほどさばさばした口調で彼は答えた。うつむき加減ではあったが涙はなかった。放心の色もなかった。むしろ自分自身に対してあきれているといった風情だった。

この敗北で鈴木は進退きわまった。重量級での残りの枠は100kg超級のみ。しかし、このクラスには親友で世界チャンピオンの棟田康幸がいた。このクラスで五輪の出場権を得るには、最後の代表選考会となる3週間後の全日本選手権で圧倒的な強さを披露して優勝するしか道はなかった。

4月29日、東京・日本武道館。桜の散った九段下の歩道に不精ひげをのばした男の姿があった。生暖かい風を払いのけるように、歩きながら肩を何度も揺すった。

棟田との準決勝はアテネへの最後の切符をかけた事実上の代表決定戦となった。手の内を知り尽くしている両雄はともに決定的なポイントを奪えなかったが、組み勝った鈴木桂治に軍配が上がった。

迎えた決勝戦。相手はこの大会、4連覇を目指す宿敵・井上康生。前年の対決では内股で一本負けを喫している。悔しいことに、自らが宙を舞うシーンがこの大会のポスターに採用されていた。再び一敗地に塗《まみ》れれば、このポスターの前での記者会見を余儀なくされる。これ以上の屈辱はない。

井上康生対鈴木桂治。日本最強を決めるこの二人の対決は、同時に世界最強の柔道家を決める戦いでもあった。

一瞬のスキが明暗を分ける。いや生死をも分ける。

前半は井上のペースだった。得意の内股を連発し、勝負を決めにかかった。こらえようとして頭を下げれば、さらに二の矢、三の矢が飛んでくる。命綱とも言える釣り手が切られれば、嵐の中をさ迷う小舟のように、舟底からひっくり返され、二度と生還はできない。

かろうじて宿敵の猛攻に耐えた鈴木は、釣り手を下から突いて距離を取り、組み手を修復した。芸術的とも言える得意の足技も、組み負けてしまっては窮余の一策に過ぎなくなる。逆に組み勝てば、伝家の宝刀を抜いて、自在に相手の足を刈ることができる。

挑戦者は残り2分を切ったところで勝負に出た。左の出足払いでひざをつかせ、続いて左の小内刈りでバランスを崩させた。この直後、防戦一方の井上に「注意」が与えられ、初めて優劣が明らかになった。長い長い6分間の戦いを制した鈴木に、初めてオリンピックへの出場権が与えられた。

大男を制した黄金の左足

「自然体でやりますよ」

アテネに出発する前、鈴木は私にこう言った。相手を過度に意識しない。秘策に頼らない。そのことを自らに言い聞かせて決戦の地に向かった。

24歳がこうした境地に至ったのには理由がある。福岡での敗北が〝良薬〟の役割を果たした。不必要な〝斜眼帯〟を取り払ったと言うこともできる。

福岡では〝打倒・井上康生〟を意識し過ぎる余り、自らの持ち味をも殺してしまった。「康生さんとやるまでは負けられない」との意識が強く働き過ぎて、攻めの柔道ではなく受けの柔道になってしまった。

福岡では井上の兄・智和にそこを突かれた。谷落としをくらってのまさかの一本負け。硬い氷柱が小さな金属のビスが打ち込まれただけで木っ端微塵に砕け散るように、過剰な使命感は畳の上で粉砕された。この時の敗北の記憶を彼は教訓に変えようとしていた。

100kg級と100kg超級とでは重さも違えば、当たりの強さも違う。03年秋の大阪での世界選手権、無差別級で優勝を飾っているとはいえ、100kg超級とはまた勝手が違う。

しかし、そのことを意識し過ぎると、福岡の轍《てつ》を踏む。思索での柔軟性を失えば、組み手もどこかぎこちなくなる。相手の弱点を突くのではなく、自らの長所をいかす――。その不退転の決意が「自然体」という言葉に凝縮されているように感じられた。

アテネ五輪100kg超級、決勝。

相手はロシアの〝怪豪〟タメルラン・トメノフ。まるで白熊のような体をしたこの男は、このクラスでも破格のパワーを誇る。184cm、110kgの鈴木が華奢に見える。

実はアテネに行く前、彼は親友の棟田に最重量級での戦い方を訊ねた。棟田は世界選手権を含めて3度、この大男と戦い、3度とも勝っている。

「100kg級と100kg超級とでは力強さが全然、違う。力が強いため、どうしてもこちらは（畳の端まで）追い詰められる。技に入られた時の一発の威力は100kg級の比ではない。組み手にしても奥衿を掴んだり背中を持ってくる。これにどう対応するか。あの緊張とスリルはちょっと言葉にはできないほどです」

開始早々、相撲の寄り切りのような格好で畳の外に押し出された。前に出る圧力の差は歴然としていた。

しかし、五輪初制覇に賭ける24歳は冷静さを失わない。直後、目にも止まらぬ小内刈りでロシア人を横倒しにした。ポイントにこそならなかったが、これでタイミングを掴むことに成功した。

組み勝って相手の身体を揺さぶることは難しい。しかし、前に出る力を逆に利用することならできる。足技をコントロールする管制塔の中のセンサーが作動した。

1分17秒、前に出ようとしたロシア人の右足を鋭く刈った。電光石火の小外刈り。またしても黄金の左足だ。内の次は外。朽ち木が倒れるように大男が横転した。次の瞬間には日の丸が翻るスタンドに向けて、もうガッツポーズをつくっていた。

世界最高の足技――。悲願を達成し、日本柔道の威信を守ったのは、やはり〝伝家の宝刀〟だった。

「桂治君は〝指〟が生きている」

彼を初めて見たのは、アテネ五輪から6年前のことだ。高校3年で臨んだ講道館杯で史上最年少優勝を飾った。まだ体の線も細く、組み手に力強さは感じられなかったが、足技は恐ろしくよく切れた。

　国士舘大学に進学後、しばらくして話を聞きにいった。忘れられないのは当時、柔道部の助監督をしていた山内直人（現監督）の一言だ。

「あの足技は天性のものです。世界と戦う時に必ず大きな武器となります」

　その予言が的中した。

　少年時代はサッカーをやっていた。ポジションはＦＷ。茨城県では名の知られたＦＷで、Ｊリーガーになろうか、柔道で五輪を目指そうか悩んだ時期もある。最終的に柔道を選択した判断は正解だったが、仮にサッカーの道に進んでいても、彼の身体能力と精神的なタフネスをもってすれば、日本代表クラスのストライカーになっていたかもしれない。

　04年の2月、神戸市内で谷亮子と食事をする機会があった。鈴木の足技について訊ねると、名解説者でもある彼女はこう言った。

「足が生きている選手はたくさんいるけど、桂治君の場合は指が生きているのよ」

　ここまで聞けば、本人に直接会って確かめるしかない。「指が生きている」とは、どういうことなのか。乱取りの相手はできなくても、足を貸すくらいならできる。

鈴木のレッスン。

「普通の選手の場合、たとえば小内刈りをかける際、足の裏でくるぶしの裏をポーンと叩く感じなんです。ところが僕の場合は、草刈り鎌みたく、指で刈り込むんです。これは斉藤（仁）先生から教わったものです」

続いて実技指導。ほんの一瞬、軽く足をかけられただけで80kg近い私の体は宙に浮いた。私の足首に指でフックされた跡が生々しく刻まれた。

屈辱のシドニーがあったから……

「頭が真っ白になりました」

金メダルの感想を、鈴木はこう述べた。「長い4年間だったか？」と問うと、「今考えると短かったですね」と答えた。

忘れられないのは00年のシドニーでのワンシーンだ。鈴木は井上康生の練習パートナーとして同行を許された。

来る日も来る日も投げられ役。野球で言えばバッティング・ピッチャー。万が一にも速いボールや鋭い変化球を投げて、味方の打者の調子を狂わせてはいけない。打者の要求しているコースに手頃なスピードのボールを投げ、快音に協力するのが彼らの仕事だ。それと同じ任務を20歳の大学生は任された。二つ年長のライバルがオール一本勝ちで金メダルを手にしても、心の底から喜ぶことはできなかった。オリンピックの柔道会場にまでやってきながら、トレーニングウエア姿の自分が情けなかった。

屈辱の日々を彼はこう振り返った。

「次は絶対にオリンピックに出る。何が何でも出る。そう誓いました。あの時の悔しさがあるから今の僕があるんだと思っています」

水しぶきを血しぶきに――井村雅代

「金メダルには届かなかったけど、全然、悔いはない。4年前と同じ銀メダル。すべての力を出し切って負けた。ロシアは強かった」

そして、一呼吸置いて続けた。

「今日は順位とか得点とかは置いておいて、理想の演技ができたと思った。デュエットが終わっても涙は出なかったが、今日は勝手に涙がこぼれてきた」

アテネ五輪シンクロナイズドスイミング（現アーティスティックスイミング）ヘッドコーチの井村雅代は意外なほどサバサバした表情で言った。

シンクロチームは2大会連続の銀メダル。またしてもロシアの高い壁にはね返された。8人で演技するテクニカルルーティン。日本チームは「阿波踊り」の祭りばやしに乗って水の上で躍動した。

クライマックスの「人間風車」には度肝を抜かれた。8人のラインに乱れはあったが、それを補って余りある迫力があった。少なくとも私の目にはそう映った。

しかし、それが点数に反映されない。技術点で9・7が2人もいたのにはガッカリさせられた。

一方のロシアは派手さこそないが演技のひとつひとつが堅実で、フォーメーションからフォーメーションへの移動が素早い。全体のコーディネーションが行き届いていてスキがない。いわゆる洗練された王者の演技だった。

ボクシングでもそうだがチャレンジャーがチャンピオンに勝つには、何を措いても「倒す」という強い意志が必要だ。判定ではまず勝てない。ハイリスク、ハイリターン。「虎穴に入らずんば虎子を得ず」の心意気で井村ジャパンはロシアに立ち向かった。

ジャブやワンツー、教科書通りのコンビネーションではタイトルは奪えない。倒すか倒されるか——。「人間風車」がまき上げる水しぶきが、私の目には血しぶきに映った。

「日本調というのは、世界が憧れる日本のイメージがあるから保険にはなる。しかし、それではいつまでたっても二番手のままなんです」

アテネに行く前、井村は私にこう語り、続けた。

「欧米では〝わび〟〝さび〟よりも、終わった瞬間に〝ブラボー！〟と叫ばれる演技でなければ点数にならない。興奮させた方が勝ち。心に染みる感動も涙も芸術点では無視される。ガンと殴るような過激さの方がもてはやされるんです」

打倒ロシア——その解答が水しぶきを血しぶきにかえた〝凄絶の美〟だった。ロシアとの得点差は０・５。この時点で金メダルはほぼ絶望的となった。

２日目のフリールーティン。井村ジャパンは「武士道」で勝負に出た。再び水しぶきを血しぶきにかえた。ロシアを逆転することはできなかったが、スタンドから無数の「ブラボー！」が飛び交った。

「ロシアがいたから成長できた。〝敵を愛せよ〟という言葉の意味がわかったように思う」

細腕の指揮官は味な言葉を残してプールサイドに別れを告げた。

2008

北京オリンピック

1964年の東京に次ぎ、夏季五輪では二度目のアジア開催となった北京大会。北島康介の2種目連覇、吉田沙保里・伊調馨の連覇、19歳・内村航平の銀メダルなどに沸いた大会で、ノーマークながらヒーローにのし上がった選手がいた。

ギャンブルに勝った男——太田雄貴

中世ヨーロッパの騎士の恰好をして互いの剣を突き合う。それがフェンシングだ。日本にも剣道があるが、それとこれとは全く違うスポーツである。だから日本人が割って入るのは容易ではない。ましてや、オリンピックの表彰台に上がるのは不可能と誰もが思っていた。

そこに突如として現れたのが22歳の若き日本男子、太田雄貴。日本フェンシング史上初のメダル獲得というとんでもない快挙を成し遂げた大会後、若き騎士に話を聞いた。

二宮　北京五輪の銀メダルで人生は変わりましたか？

太田　オリンピック前はメダルを獲れば人生が変わると思っていた。いや人生を変えようと思っていました。実際にメダルを獲ったことで「人生が変わった」という実感はあるのですが、果たしてそれが良かったのかどうか……。

二宮　悩ましい点ですか？

太田　環境が一気に変わると付き合う人も全然違ってくる。中には「縁遠くなったな」と言う人もいます。僕にそんなつもりは全然ないんですけど。それが辛かった。しかし、今はもう落ち着きました。メダルを獲ろうが獲るまいが自分は自分ですから。

二宮　テレビにも相当、出られていますね。

太田　最近、芸能人に会っても全然、ありがたみがないですね。以前は自分からカメラを取り出して写真を撮っていたのですが、最近はカメラを取り出すこともあまりなくなりました（笑）。

二宮　ところでメダルは？

太田　（カバンの中から取り出し）このようにグチャッと入れているんです。

二宮 メダルは重いけど首から吊るす紐は随分、ちゃちなものですね。

太田 さすがメイド・イン・チャイナですね（笑）。

人生のかかった1点

二宮 銀メダルまでの戦いを振り返ってください。最大の難関は2回戦の崔秉哲《チョンビョンチョル》（韓国）戦でした。

太田 フェンシングは先に15ポイント取ったほうが勝ちなんですが、この試合は13対14からの逆転勝ちでした。

二宮 まさに断崖絶壁からの逆転勝利。

太田 13対12で僕が勝っていたのですが、判定のミスで13対13になったんです。その後、さらに1ポイントを追加され、13対14と逆転された。

二宮 悪い流れですね。

太田 いつもだったらやられるパターンです。実は東京でのワールドカップ（07年）でも同じようなパターンでやられているんです。

二宮 ここで気持ちを切り替えた？

太田　なんとかついていこうと思った。で、14点目はミラクルポイント。いつもなら外してしまうのにしっかり突けた。

二宮　これで14対14。文字通り天国と地獄の分岐点。

太田　この時は結構、落ち着いていました。というのもフェンシングでは判定に不満がある時、2回ビデオ判定を要求できるんです。僕も相手も既に2回ずつビデオ判定を求めていたので、もう権利を行使することはできない。つまり後は全て審判の判定に従うということになる。

二宮　なるほど。

太田　13対12となった次のポイントで、審判は僕の勝ちと言ったのにビデオ判定の結果、崔の勝ちとなった。実はビデオレフェリー制を立ち上げたのは韓国とエジプトで、ビデオレフェリーは韓国人にポイントを還元したんじゃないかと思うんです。そういう裏事情があるから、次は審判は僕びいきの判定をしてくれるだろうと読んでいた。

二宮　審判まで巻き込んだ高度な心理戦ですね。

太田　審判は一本、僕に負い目があったはずです。しかも14対14になった時、僕にはイエローカードが出ていなかった。向こうは1枚出ていた。イエローカードは2枚で1点失ってしまう。この時点で崔は、もう反則をすることができなくなっていた。

二宮　それを見越した上で、バクチを打った？

太田　そうです。最後は頭を下げてポイントを奪いにいった。見る人によってはイエローカードを出していたかもしれない。しかし、審判は僕に対して負い目があったので、カードは出せないだろうと。不満があっても崔はもうビデオジャッジを要求することはできない。だから、やるならこのタイミングだと思って、ギリギリのラインで最後の一本を取りに行ったんです。文字どおり人生のかかった1点でした。

オリンピックで勝つにはギャンブルしかない

二宮　恐るべき勝利への執念。話を聞いているとメダルを獲るべくして獲ったと言えますね。

太田　オリンピックって、どこかでイチかバチかの大バクチを打たないと勝てないと思うんです。普通にやっていたのでは絶対に勝てない。ましてや僕はメダルを獲った経験がないのだから。メダルの獲り方を知らない人間が勝つにはギャンブルに打って出るしかなかった。

二宮　後手後手の采配でメダルを逃した野球日本代表の星野仙一監督に聞かせたいような話ですね。

太田　ノーリスク・ノーリターンですよ。メダルを獲ったことのない選手はどこかでリスクを背負わなければならない。同じことを同じようにやっていたのではダメです。

二宮　そして準々決勝のペーター・ヨピッヒ（ドイツ）戦。彼は世界ランキング1位の選手でした。

太田　これまで一度も勝ったことのない相手です。でもヨピッヒは僕とやる前の試合でイギリスの選手と接戦を演じていた。控え室では足がつっている様子が窺えた。

その時に思いました。〝コイツ、運がないんだな〟って。だって彼は世界選手権は3度も勝っているのに、オリンピックでは一度も勝ったことがないんです。ストレッチしている姿を見て、〝あぁ残念〟とかわいそうになりましたよ。

二宮　何事もいいほうに考える。これも勝負師に必要なメンタリティですね。

太田　で、実際に戦ってみると、かなり強いんです。〝あの姿は演技だったのか〟と思いましたよ。これはもう引き離されずについていくしかないと。後半になれば絶対に勝てるという自信がありました。これまでの対戦でも後半は追い上げることができていましたから。ヨピッヒにはこれまで4～5回続けて負けていて初めての1勝。でもオリンピックでの1勝だけにお釣りがきますよ。

ずっとやめようと思っていた

二宮 準決勝の相手はアテネ大会銀メダルのサルバトーレ・サンツォ（イタリア）。これまた強豪です。

太田 彼は試合の中でガンガン、自分のスタイルを変えてくるんです。まさに百戦錬磨の選手。前半は5対1で僕がリードしたんですが、ここから向こうがテンポを上げてきて5対5になった。そこからは一進一退の攻防に……。

二宮 13対14と絶体絶命のピンチを迎えました。

太田 2回戦の崔戦同様、大接戦だったんですが、全然負ける気がしなかった。なぜかというとサンツォに焦りがうかがえたんです。13対14とリードされて、普段の僕なら攻めるんですが、残り2本を引いてとったんです。これは僕の中では珍しいことなんです。

二宮 相手の動きが読めていたということですね。

太田 そうです。フェンシングって苦しい時には先に出てくるんです。逆に待てる時というのは余裕のある証拠。サンツォは完全に待てなくなっていた。これは相当苦しんでいると……。

二宮 相手の気配は面をつけていてもわかるものですか？

太田 面をつけていても、相手の目は見えるんです。調子がいい選手は冷静にこっちのほうを見ている。逆に調子の悪い選手や苦しい選手は審判のほうを向いたり、こっちを見たりと目線が定まっていない。サンツォは後半、やたらとアピールプレーが増えました。あれは体がきつくなっている証拠なんです。

二宮 コーチのオレグ・マツェイチュクからの指示は？

太田 これは前から言われていることですが、しんどくなっても絶対に下だけは向くなと。下を向くと相手は勢いづくんです。だから負けた決勝も下だけは向きませんでした。

二宮 五輪前、フェンシングは北京が終わったらやめようと思っていた時期もあったそうですね。

太田 フェンシングが面白くなくなっていたこともあり、２００６年くらいまでずっとやめようと考えていました。オレグコーチとの関係もうまくいっていませんでした……。しかしフェンシングで大学（同志社大）に入れてもらったので、一応、大学出るまでは続けようと。そんな漠然とした思いでいました。

二宮　消えかかっていたフェンシングへの思いが再び強くなってきたのは？

太田　フランスにふたり仲のいい選手がいるんです。エルワン・ルペシューとブリス・ギヤール。彼らがW杯のため来日した。僕は観光案内を買って出たんです。浅草寺とかに案内しました。

せっかくの機会なので素朴な疑問をぶつけてみたんです。「北京終わったらどうするの？」って。すると彼らは「フェンシングが続けられる環境があればずっと続けたい」という。

僕はびっくりした。と同時に「金メダルを獲ったらやめる」とアホなことを言っていた自分が恥ずかしくなってきた。

自分自身、フェンシングは大好きだと思っていたけど、コイツらに比べれば全然たいしたことはないって。彼らはフェンシングができる状況のありがたさを理解しているんです。それがあるからフランス代表としてプライドを持って戦っている。彼らの行動に感銘を受けたのは事実です。

フェンシングにフラれた日

二宮　オレグコーチは日本フェンシング協会がウクライナから呼んだ優秀なコーチですが、一時期、仲違いしたのは何が原因ですか？

太田　あれは２００５年の世界ジュニア選手権の時のこと。ささいなことでケンカになったんです。もうオレグのレッスンは合わないと思って1年半くらいずっと距離を置いていました。

二宮　再びコンビを組むようになった理由は？

太田　大学3年の時、インカレで負けて2位になりました。年齢別の大会では中学時代から負け知らずだった僕にとっては物凄くショッキングな出来事でした。張り詰めていた糸がプツンと切れたような気がしました。心にはポッカリ穴が開いて、フェンシングにフラれたような気持ちになりました。

二宮　初めての失恋のようなものでしょうか。

太田　そうです。大切な彼女にフラれたような心境でしょうか。もう僕にはこれ以上失うものが何もなくなった。それによって逆に気持ちが楽になったんです。素直にオングに頭を下げることができました。「アジア大会（06年・ドーハ）で優勝したいんです。もう一度レッスンしてください。お願いします」って。オレグは受け入れてくれました。その後、2週間のレッスンでアジア大会で優勝したんです。そこから一気に伸びていった。

二宮 北京五輪を戦うにあたって、オレグコーチからはどんな指示を受けたのですか？

太田 まずは対策をしっかり立てること。誰々に対してはこういうパターンで攻撃しようと、きめ細かく戦略を練り上げました。決勝では左利きのベンヤミン・クライブリンク（ドイツ）に敗れましたが、試合をやり込んでいると本当は左のほうが楽なんです。しかし北京では徹底的に右利きへの対策を練った。

というのは、五輪のトーナメントは1週間前にわかるのですが、組み合わせ表を予測すると相手は右利きばかり。僕の最初の目標はベスト4だったので、右利き用の練習を徹底して行いました。

「左利きの対策も練っていたら……」という声もありましたが、それをやっていたら中途半端になって決勝まで行けなかったと思う。その意味で今回はやれるだけの準備はやれたと思っています。

選手とコーチがお互いを必要としていた

二宮　技術面でのオレグコーチからのアドバイスは？

太田　これまで僕は行ったら行きっ放しだったんですけど、攻撃を1回でやめないように教わった。必ず2回、3回と続けて突く練習を行いました。

二宮　それまでは淡白だったということですか？

太田　そうですね。足を使わずに手だけに頼っているような面がありました。守備でもオレグの指導は、相手の攻撃を止めきれずに剣を抜かれても、もう1回止める。足を使って相手との距離をとる。そういうものでした。やがて口にしなくてもオレグの言わんとすることがわかるようになってきた。オレグも僕も考えていることがわかるようになってきた。こうなれば最高ですよね。いいかたちで北京に臨むことができました。

二宮　オレグコーチはなかなか懐の深い方ですね。

太田　僕との関係を訊いたアナウンサーにこう言ったそうです。「若い時は熱湯みたいなものだ。何を言っても聞いてくれない。お湯が冷めないのと同じように。だからオレはお湯の温度が下がるのを待ったんだ。ゆっくり時間をかけてね」って。

僕はオレグを必要としていたけど、オレグも僕を必要としていた。オリンピックで結果を出すためのコマとして。だからオレグも我慢できたんだと思います。そして僕もいいタイミングで頭を下げた。結果的には全てがうまくいったんです。

二宮 太田選手が銀メダルを獲ったことで、この列島ではフェンシング熱が急速に高まりつつあります。一過性のブームに終わらせないためには何が必要でしょう。

太田 日本人は熱しやすく冷めやすいところがあるので、これからが大切だと思っています。僕は現役のアスリートなので個人でできることには限界がある。今後、フェンシングを盛んにしようと思えば、協会が中心になって普及、育成、強化に努めることですよ。強化だけでは限界がある。まず素材を発掘しないと。

二宮 全く同感ですね。JOCの中にはすぐに「強化、強化」って叫ぶ人がいるけど、農作物と一緒です。まず種を蒔き（普及）、草取りや消毒（育成）もしないと、作物は実りませんよ。強化は農作業における最後の収穫に過ぎない。底辺拡大に力を入れなかったスポーツは全て一過性のブームで終わっている。

太田 何でもかんでも東京に集めて集中的に強化しようという動きがありますが、僕は出身地の関西をもっと大事にしたいんです。地方にいてもフェンシングができるんだぞ、強くなれるんだぞということを証明しないと発掘も普及もできないと思う。

幸い僕は東京（ナショナルトレーニングセンター）での500日合宿でメダルを獲ることができた。でも今回は特別だった。それまで誰もメダルを獲ったことがなかったんだから。これからはフェンシングの専用道場を全国に5カ所つくるなりして、地方に広めていかなくてはならない。ヨーロッパのスポーツクラブなんて、いろいろな競技種目をやっているじゃないですか。ああいういい面を日本も取り入れてもらいたいと思いますね。

報奨金の使い道

二宮　太田選手は「就職活動中」ということで話題を集めましたが、アマチュアスポーツ、とりわけマイナースポーツにおいて競技生活を続けるにあたっての資金調達は容易ではない。どう折り合いをつけていくか、そこが選手たちには常に重荷となってつきまとう。オリンピックで銀メダルを獲ったことで、太田選手にはオピニオン・リーダーとしての役割を引き受けざるを得なくなった面もありますね。
太田　僕の認識では日本代表選手とオリンピック代表選手は全く違うんです。自分を犠牲にしてまで練習して日本のトップクラスになっても、オリンピックに出られない人もいる。報われる選手もいれば報われない選手もいるんです。僕は運よく報われた選手のひとりだと思っています。

今回、銀メダルを獲ったことでJOCから200万円、フェンシング協会から300万円の報奨金が出ます。僕はそれをスポーツのために有効に使いたい。まわりまわって、いずれは自分の利益になればいい。目の前に落ちているおカネを拾うのは僕の趣味ではありませんから（笑）。

死闘を制した修羅場の戦術——女子ソフトボールチーム

死闘に次ぐ死闘だった。1次リーグを6勝1敗の2位で通過した北京五輪女子ソフトボール日本代表は準決勝で米国に延長9回、1対4で敗れるも、同日夜に行われたオーストラリアとの3位決定戦に延長12回、4対3で辛くも勝利。翌日の決勝では米国を3対1で降し、同競技では五輪史上初の金メダルをこの国にもたらした。

2日で3試合、計413球を投げ抜いた〝鉄腕〟上野由岐子の奮闘はどれだけ褒めても褒めたりないが、初めて五輪で指揮を執った斎藤春香監督の采配にも目を見張るものがあった。08年のスポーツで最も輝いたシーンを斎藤の肉声とともに振り返ってみたい。

決勝、米国戦。最終回の7回表、日本2対1と1点のリード。先頭の廣瀬芽が三遊間を破り、無死一塁。続く7番・三科真澄が送りバント。これを遊撃手のナターシャ・ワトリーがエラーして無死一、二塁。

8番・峰幸代はピッチャー強襲のゴロで一死二、三塁。確実に1点を取りにいくならスクイズという選択肢もあっただろう。

だが斎藤は9番の藤本索子に強攻を命じた。しかもサードランナーとのエンドラン。もしバッターが空振りすればサードランナーは三本間に挟まれる。ライナー性の打球なら併殺である。いわばギャンブルとも思えるような作戦を、なぜ斎藤は断行したのか。

「サードランナーとのエンドラン、あれはソフトボール特有の戦法なんです。いわゆるゴロスタート。サードランナーはバッターを信頼して、ピッチャーが投げたと同時にスタートを切る。ライナーなら確かにゲッツーです。でも、それは仕方がない。

もちろんスクイズも考えましたが、失敗の可能性が高い。というのもモニカ・アボットというピッチャーはどんどんストライクを投げてくる。ボールも速い。追い込まれると不利になる。

それよりも藤本のバットコントロールの巧さに賭けた。彼女はゴロを打つのが巧い。実はランナーをサードに置いてのエンドランは何千回と練習させているんです。最後の最後に練習の成果が出たと思っています」

驚くべきことに斎藤は空振りした場合の作戦も考えていた。三塁ランナーがキャッチャーと三塁手のライン上に立つというものだ。まさに修羅場のサバイバル戦術。

ショートゴロ＝セーフの確信

「米国とは何度も戦っています。素晴らしいチームですが欠点もある。アメリカはランダウンプレーがアバウトなんです。ランナーがキャッチャーと三塁手のスローイングライン上に立てば狭殺を焦ってランナーにぶつけることだってある。

こちらとしては〝(ボールに) ぶつかってでも生き残れ〟ということです。要するに相手のミスを誘うプレー。これも繰り返し練習してきました。ルール違反（守備妨害）ギリギリといえばギリギリですが……」

大きかったのは3回表の先制点だ。日本はこの回、先頭の7番・三科が左翼フェンス直撃の二塁打を放つ。続く8番・峰が送りバントを決め、一死三塁。9番・藤本が三振に倒れ、二死三塁。

ここで1番・狩野亜由美はショートへの内野安打を放ち、三塁走者をホームに迎え入れる。斎藤は狩野に打席の途中で、何事か耳打ちしている。一体どんなアドバイスだったのか?

「米国の先発ピッチャーはキャット・オスターマン。彼女の決め球はアウトコースのドロップです。(左バッターの)狩野に対しては『ベース寄りに立ってアウトコースのドロップを三遊間方向に打て!』という指示を出しました。彼女はそのとおりにやってくれた。

しかも、ショートのワトリーはプレーが雑なんです。そこに転がせばなんとかなるだろうという予感があった。加えて狩野はウチでナンバーワンの俊足。ショートに打球が転がった瞬間、セーフだと思いました。案の定、ワトリーの送球は乱れた。ミスの確率の高いところに狙い打つのはソフトボールの常道なんです」

敬遠指令

最大のピンチは6回裏だった。1点を追う米国は先頭のケイトリン・ロウがライト前ヒット。続く3番のジェシカ・メンドーサが送りバントを決め、一死二塁。

ここで迎えたバッターは米国最強打者のクリストル・バストス。4回には上野の外角のボールをライトスタンドに運んでいる。上野は準決勝でも9回、とどめの3ランをレフトスタンドの中段に叩き込まれている。

ランナーをスコアリングポジションに置いてのバストスとの勝負は危険だ。しかし歩かせれば逆転のランナーを塁上に置くことになる。果たして斎藤は「ウォーク（敬遠四球）」を選択した。判断に迷いはなかったのか？

「バストスを歩かせることはピッチャーズサークルで上野に直接、伝えました。バストスには4回にもホームランを打たれている。彼女は102kgと太っていますが、見た目以上にリーチも長い。少々、外のボールでも腕が届くんです。4回外角球は失投ではありませんが、厳しいことを言えば、もうボールひとつ分、外に投げておかねばならなかった。

上野とバストスの勝負はこれまでも五分五分なんです。もちろん抑える可能性もありますが、打たれる危険性も十二分にある。しかもいい時のバストスは手が付けられない。2打席連続ホームランということも考えられなくはない。最悪の事態は阻止しなければならない。あの場面、バストスを歩かせることに迷いはありませんでした」

上野は5番ケリー・クレッチマンにも四球を与え、一死満塁。しかし落ち着いて6番アンドレア・デュラン、7番ステイシー・ヌーブマンをともに内野フライに打ち取る。結果的にバストスを歩かせた斎藤の指示が吉と出たのだ。

斎藤によれば、この場面での内野手の結束が最終回のファインプレーの連発に結びついたという。

最高の結束力

最終回、日本の内野陣は神がかっていた。無死一塁で9番タイリア・フラワーズのファウルフライをショートの西山麗は後ろ向きで好捕した。1番ワトリーの地を這うようなサードライナーを三塁手の廣瀬は逆シングルでキャッチした。抜けていれば日本は一打同点の窮地に立たされていた。

「バストスを歩かせる指示を私が出してからの内野陣はバッテリーも含め、全員が結束という名の見えない糸で結ばれているようでした。

上野が『打たせてとるから頼むね』と内野手に言うと、全員が『絶対に捕るから私のところへ打たせて！』と大声で応えたんです。全員が上野を助けてやろうと必死になっていました。

サードの廣瀬は、比較的おとなしい選手なんですが、その廣瀬までが大声を出していた。この集中力と結束力が最終回のファインプレーの連発につながったんだと思うんです。私は選手として3回オリンピックを経験しましたが、ここまで選手たちの結束力を感じたのは初めてでしたね」

決勝の試合前に危惧したのはエース上野の体調である。いくら彼女が〝鉄腕〟とはいえ、前日の米国戦、オーストラリア戦で計318球を投げている。送り出す側として不安はなかったのか？

「実は決勝トーナメントが始まる前に上野には既に『全部行くこともあるよ』と伝えてあったんです。彼女に疲れがなかったのかといえば、〝全くなかった〟というのはウソになると思います。しかしソフトボールのピッチャーは野球のピッチャーに比べると、肩やヒジへの負担が少ないんです。というのもソフトボールのピッチャーの投げ方は歩行の際と同じ腕の振り方なんですね。きわめて自然な動きだといわれている。そんなこともあって負荷がかかりづらい。

まぁ、そうはいっても疲労は残る。それこそオーストラリア戦でタイブレーカーになった時には、延長の1イニングごとに「大丈夫か？」と声をかけました。トレーナーやドクターにも確認をとりました。決勝の前は継投策も考えましたが、「行けます」という上野の強い気持ちに賭けたんです」

準決勝の米国戦はタイブレークの末に敗れたとはいえ、内容の濃い試合だった。上野は9回に一挙4点を与えたものの、バストスの3ランを除いてはほぼ完璧に近いピッチングだった。

敗戦後の素早い切り替え

惜しむらくは打線が上野の好投に応えられなかったことだ。日本はサウスポーのアボット、オスターマンの前に散発の3安打に封じ込められた。

日本は1次リーグでもアボットに1安打完封負けを喫している。だが、この2つの手痛い敗北が決勝で同じサウスポーのオスターマン攻略につながったと斎藤はみる。

「準決勝、アボットに対する指示は〝ボールをよく見ろ〟というものでした。〝1球目で終わるな〟と。アボットは背も高く、リーチも長い。最後はアウトコースの高めの釣り球で打者の空振りを誘おうとする。それが彼女の基本的なピッチングパターン。ムキになって速いボールを打とうとすると体の開きが早くなる。こうなるともう自分のかたちでは打てない。逆に速いボールを自分のかたちで見送ると体が開かない。そうすればフォームがガタガタになることはないんです。

翌日、米国は同じ長身左腕のオスターマンを先発に立てました。敗れはしましたが、アボットのボールをじっくり見極めたことで、日本の打者は目が慣れていた。もし1日休みがあったらオスターマンを攻略できなかったかもしれない。レベルの高い左ピッチャーはリーチも長く、独特の間合いで投げてきますから、急には体が反応できないんです。ソフトボールにはそういうこともあるんです」

米国に敗れたからといって、これで終わったわけではない。約5時間後には3位決定戦が控えている。勝てば翌日、もう一度、米国と戦うことになる。気落ちしている暇はない。斎藤は選手たちにどんな指示を出したのか？

「とにかく選手には〝すぐに休め！〟という指示を出しました。暑い中、タイブレーカーまで戦った。当然、疲れはある。これまでの私の経験から言って、負けた時こそ気持ちを切り替えなければならないんです。

だから、選手たちには〝眠れなくてもいいから、選手村に帰ったら、ベッドに横になって目だけでもつぶれ〟と。仮に1時間だけでも眠ることができたら、疲労がスッと抜けるんです。心がリフレッシュできるんです。

集合時間になって彼女たちを見ると、全員スッキリしたいい顔をしていました。これはいけるんじゃないかと。少なくとも米国戦の敗戦を引きずっているようには感じられなかった」

功を奏した心理的揺さぶり

準決勝の米国戦が終わったのが午後0時9分（現地時間）、3位決定戦のオーストラリア戦のプレーボールが午後5時。日本は2試合続けてタイブレークのゲームを戦うことになる。

2対2の同点でタイブレークへ。ゲームが動いたのは延長11回表だった。タイブレークは無死二塁からスタートする。4番サンディ・ルイスをショートゴロ、5番ナタリー・ティッカムをピッチャーゴロに仕留めて2アウト。ここで6番ナタリー・ワードがしぶとくレフト前へ落とした。オーストラリア1点の勝ち越し。

「この1点はきつかった。正直言って腹をくくりました。ウチの攻撃力から考えたら、追いつけるのはフィフティ・フィフティかなと……」

11回裏、日本の攻撃。3番・山田恵里は送りバントを決め、一死三塁。ここで4番・馬渕智子がショート後方に落とし、同点に。日本にツキが残っていた。

「タイムリーを打たれたショートのワードの後ろへ打球が飛んだ。それがポトリと落ちて同点になった。このシーンをみて〝あっ、これでオーストラリアを超えられるかな〟と思ったんです。次の回もいけるぞと……」

斎藤の予感は的中した。12回裏、無死二塁から8番・峰がサード強襲のゴロ（記録はエラー）を放ち、無死一、二塁。9番・藤本が送りバントを決め、一死二、三塁。トップの狩野が敬遠され、一死満塁に。ここで2番・西山が右中間にタイムリーヒットを放ち、三塁走者を迎え入れた。3時間23分に及ぶ死闘はこうして幕を閉じた。

ひとつ疑問が残った。8番の峰になぜ犠打ではなく強攻を指示したのか。確実に送って一死三塁にしておいたほうがサヨナラの確率は高くなる。強攻して失敗した場合、一死二塁からではバントという手は使えない。

「峰はバスター気味に打球を転がしましたが、サードとファーストはこっちがバントをするか強攻でくるか迷っていたと思います。そこへ強烈なゴロが飛んできたものだからファンブルした。相手にプレッシャーをかける作戦でした。

無死一、二塁としたところで、今度はバント。相手は疑心暗鬼になっているわけですよね。送ってくるのか打ってくるのか……。必然的にファーストとサードの守りは深くなる。こちらとしてはバントがしやすくなる。心理的な揺さぶりをかけた。それが成功した場面だったと思います」

「娘の命を預けた」

決勝打を放った西山は深刻な病を抱えていた。大動脈弁狭窄・閉鎖不全症。生後1カ月で心臓に先天性の異常があることがわかり、中2の時、米国で心臓弁を移植する手術を受けた。

移植した心臓弁には耐用年数があり、近い将来、再び手術を受けなければならない。もちろん医師からは激しい運動を控えるように告知されていた。

「私が日立ソフトウェアの監督になった時、ご両親が来て『娘の命を預けた』と言っていただいたんです。そして『グラウンドで倒れて、そこで命が終わってもそれでいい。娘がそう言っているんです』とも。その話を聞いて、私は涙が止まりませんでした。親の娘に対する強い思い……それに少しは応えることができたかなと思っています」

あらゆることを想定し、やるべき準備は全てやる——。アトランタ、シドニー、アテネと連続してオリンピックに出場しながら、あと一歩のところで金メダルに届かなかった日本代表。選手時代、チームの主砲だった斎藤には無念の思いが残った。

だからこそ監督になって彼女はこう誓ったのだ。

「オリンピックは何が起こるかわからない。アクシデントも含め、あらゆることに対応できる力がなければ金メダルは獲れない」

北京用サングラスまで用意していた

北京五輪で斎藤ジャパンの外野手たちはお揃いのサングラスで目を覆っていた。ナイトゲームであるにもかかわらず。実は、あれは北京五輪用に作ったサングラスだった。

「北京の球場は照明がものすごくきついんです。特にライナー性の打球だとボールに光がかぶってくる。過去の経験からいえばサングラスは日光への対策なんですが、北京の球場はナイトゲームでも昼間のようなまぶしさがある。正直言って想定外のまぶしさでした。

そこで対策として、あるメーカーに依頼して北京用のサングラスを作ってもらったんです。ただ最初は、かけるかかけないは選手の判断に任せていた。ところが1次リーグでレフトの選手がひとつエラーをしてしまった。その選手はサングラスをかけていなかった。

これじゃいけない、と思って、それ以降は全員に強制的にかけさせました。それから外野のエラーはひとつもなかったはずです。北京用のサングラスを開発しておいてよかった。あらゆる状況に対応できたことが金メダルに結びついたんだと今は思っています」

話を聞いていて、星野ジャパンの外野手の目を覆うような落球を思い出してしまった。準備力の差が、大舞台で表れたということか。

運や偶然で勝負は決まらない。斎藤ジャパンは勝つべくして勝ったのである。

女子マラソンの悲劇——土佐礼子

マラソンの取材は地下鉄を乗り継ぐに限る。大幅な交通規制が敷かれるため、車での移動は困難を極める。

地下鉄の路線図とにらめっこした結果、私たちはスタートから10㎞、25㎞、35㎞、そしてゴール地点の「鳥の巣」と呼ばれるナショナル・スタジアムで観戦することに決めた。

これを計画したのは土佐礼子の高校時代の恩師、竹本英利だ。土佐が所属する三井住友海上の陸上部監督鈴木秀夫は順天堂大学出身で竹本の2年先輩にあたる。

レース前、竹本は昔を懐かしむように、こう語った。

「大学（松山大）4年の時、土佐は〝実業団に行きたい〟と言い出した。当時、実業団は大学出身の選手をあまり採りたがらなかった。鍛え甲斐があるということで高卒の素質のある選手を採る傾向にありました。

そこで大学の先輩にあたる鈴木さんに「土佐を採ってくれませんか？」と頼むと「10日だけ待ってくれ」という。ちょうど10日後に採用の連絡があったんです。

私は鈴木さんに言いました。「エースにはなれないでしょうが、実業団駅伝のつなぎ要員にはなれますよ」って。「まさか2大会続けてオリンピックに出るような選手になるなんて夢にも思ってみなかった」

竹本の表情が明るかったのはここまでだ。現在のコンディションについて訊くと、にわかに表情がくもった。

「世間的には外反母趾で通していますが、実は右足の中足骨を痛めているんです。最後まで無事に走り切れるといいのですが……」

歩いているようなペース

8月17日、北京五輪女子マラソン。

天候はくもり。

気温23度。

午前7時半に号砲が鳴った。

一瞬の切れ味を持たない土佐にとって、秋を思わせる絶好のレースコンディションは歓迎すべきものではなかった。むしろ炎天下でのタフなレースを望んでいた。

北京五輪の代表権を獲得した昨年9月の大阪・世界陸上は気温30度を超えるという猛暑の中で行われた。このレース、土佐は39㎞付近で遅れ始め、一時は4人を追いかけるという苦境に立たされた。そこから2人を抜き返し、日本人最先着の3位に入った。

この粘り強さこそが土佐の最大の持ち味である。すなわちレースコンディションは悪ければ悪いほどいいのだ。

10㎞地点、目の前を大集団が通り過ぎた。大集団の中には土佐も中村友梨香もいた。公式通過タイムは36分11秒。トップはイギリスのイェリング・リズ。中村は36分13秒で17位。土佐は36分14秒で32位。

くもり空から雨がポツポツと降ってきた。普通なら8時くらいから上がり始める気温が一向に上がらない。土佐陣営が期待した猛暑は、もはや望むべくもない。

土佐の姿を確認すると私たちは地下鉄を乗り継いで25㎞地点に移動した。路上に出ると私の事務所から携帯にメールが入った。

〈土佐、16㎞付近から遅れ始める。口を開け苦しそうな様子〉

20㎞の公式通過タイムは中村が1時間11分29秒（16位）、土佐が1時間12分49秒（55位）。トップはルーマニアのコンスタンティナ・トメスクの1時間11分27秒。

再びメール。

〈土佐、歩いているようなペース。右足を引きずり、かなり痛そう。途中棄権の可能性も〉

「礼子、もうやめろ！」

25㎞地点の大通りをトメスクは大きなストライドで風のように駆け抜けていった。それから遅れること約150メートル、第2集団には優勝を争うと見られていたポーラ・ラドクリフ（英国）、周春秀（中国）らの姿があった。

待てど暮らせど土佐はやって来ない。

やはり、棄権したのか……。

と、その時だ。25㎞地点の約200メートル手前の付近で足を引きずる土佐の姿を発見した。

「礼子、頑張って！」

「礼子、ファイト！」

悲鳴に近い声を張り上げたのは松山大陸上部の先輩・諏訪容子と松山商時代の同級生・岡田奈々だ。恩師の竹本も歩道から身を乗り出して声援を送る。

勝負どころの35㎞地点で待機していた夫の村井啓一は〈礼子さん、おかしいよ〉との知人のメールを受け、25㎞地点に引き返した。村井も元長距離ランナーだ。35㎞地点から最短距離を突っ切るように走ると10分足らずで到着した。

目に飛び込んできたのは足を引きずり、よろめくように走る妻の姿だ。

「礼子、もうやめろ！」

思わず、そう叫んだ。

木内敏夫ヘッドコーチと目があった。それを合図に木内は抱きかかえるようにして土佐を止めた。

大変だったのはここからだ。すぐに係員が駆けつけるのかと思ったら誰も来ない。土佐は大通りの脇に放置された。

土佐は嗚咽をもらすだけで一言も言葉を発せられない。夫が手を握り締め、恩師が肩を抱きすくめる。

「礼子、もう終わったのよ」

「大丈夫よ、何も心配することはないのよ」

諏訪と岡田が耳元でささやくが何の応答もない。

大げさではなく最悪の事態が脳裡に浮かんだ。もう取材どころではない。閉まっていたビルを開けさせ、数人がかりで土佐を運んだ。

ビルの関係者が簡易ベッドを提供してくれた。ある者はミネラルウォーターで湿らせたタオルを腫れ上がった右足の甲にあて、ある者はウチワで顔のあたりをあおぐ。

水を勧めても全く口にできない。ただ嗚咽をもらすだけ。時折、体がヒクヒクと震える。

「救急車はまだか？」

残念ながら日本語も英語も通じない。と、その時、我々の苛立ちを察知した路上の中国人がはるか遠くの救急車を指さした。

私は愕然とした。あろうことか救急車は、はるか先で信号待ちをしていたのだ。五輪ゆえの交通規制はあるだろう。しかし、ここで信号待ちかよ。

足がつけない状態だった

夫の村井啓一が土佐を背中におぶって歩道を走った。かなりの距離があった。途中から〝バケツリレー〟のようなかたちで交代で土佐を運んだ。

あまりの軽さに驚いた。ここまで身を削っていたとは……。言葉は悪いがまるでミイラのようだった。

夜、村井から電話があった。病院で診察を受けた結果、骨には異常がないとのことだった。土佐も電話に出た。思いのほか、元気だった。重圧から解放されてホッとしたのかもしれない。「お疲れ様」と言って労をねぎらうと「ゆっくり休みます」と明るい口ぶりで答えた。

その夜、二人は語り合った。

「これは結婚して4年、僕たちの人生の中で起きた一番ショッキングな出来事だ。でも人にはできないことが経験できたのだから、これをプラスにしていこう」

夫の励ましに、妻はこう答えた。

「私は日本代表としては失格だったけど、自分の中では満足している。力を出し切った結果がこれなのだから……」

マスコミ用には次のようなコメントを1枚のペーパーにまとめて配布した。

〈本日は多くの方々に応援していただいたにもかかわらず、途中棄権という結果になり申し訳ありませんでした。

記者会見の時にもお話ししましたが、7月末に右外反母趾を痛めました。不安の中での調整でしたが、スタートラインに立つためにベストを尽くしてきました。レース中は10㎞過ぎから痛みがひどくなり、それ以降は接地するごとに激痛があり、足がつけない状態でした。ゴールまで行きたい気持ちはありましたが、25㎞地点にいた応援スタッフや夫のすすめもあり、棄権の判断をしました。

今後につきましては、心身共に休養にあてたいと思います〉

スタートラインに立てたことさえ奇跡だった

故障の実状はどうだったのか。

本人に代わって夫が語る。

「7月上旬までは完璧な仕上がりでした。中国・昆明での1次合宿（6月）でもいい練習ができていた。

彼女の足が痛み始めたのは7月下旬に再び昆明に入ってからです。結局、30km走も35km走もできずに日本に戻ってきた。

引き金として思い当たるのは千葉・富津で行った35km走。この時は何もなかったのですが、昆明に入ってからおかしくなった。

よく〝野口みずきさんが8月12日に辞退をしたから土佐さんは辞退できなくなったのでは〟という人がいますが、そうではありません。正直言って野口さんのことを気にする余裕なんて、こっちにはなかった。

痛みの激しかった7月下旬、最悪の事態が頭をよぎったのは事実です。その後も地面を蹴る練習はほとんどやっていませんでしたから……。

長い間、レースペースでの練習はやってなかったので不安はありました。しかし何とかなるのでは、という気持ちも心のどこかにあった。

でも、やはりオリンピックは甘くはありませんでした。遅れ始めたのは16kmあたりからですが、後で聞くとスタート時点から足は痛かったそうです。

5位入賞を果たしたアテネの時は、本人によれば悔しさしか残らなかった。野口さんに置いていかれ、勝負することができませんでしたから。その悔しさをバネにしてここまで頑張ってきた。

しかし今回は故障を抱えながらよくやったと思います。僕も〝また頑張れ〟という気にはなれません。しばらく休んで、様子を見て12月の実業団駅伝には出ようかなと。会社（三井住友海上）には随分、お世話になりましたから……」

竹本のもとに三井住友海上陸上部の関係者から電話が入ったのは7月下旬のことだ。内容は概ね次のようなものだった。

「これは一部の親しい人にしかお伝えしていません。〝土佐の故障は外反母趾〟とマスコミには公表しますが実は中足骨の炎症なんです。こちらのほうがはるかに深刻なんですが、もしマスコミから取材の電話がかかってきたら〝外反母趾による痛み〟と話を合わせてください」

五輪のレース当日まで竹本はメディアにこの事実を伏せていた。

症状が気になった竹本はレースの1週間前、土佐に電話を入れた。

「今、どこにいるの？」

「(三井住友海上の合宿所のある)町田です」

「なんだ、長野の女神湖じゃないのか?」

「ええ、もう帰ってます。こちらで自転車(エルゴメーター)を踏んでます」

竹本は土佐はてっきり合宿先の長野の女神湖にいるとばかり思っていた。ところが土佐は東京の町田にいた。

「その時に思いました。これは相当厳しいレースになるなと。レースまで1週間を切ったというのにジョギングさえもできない状態だというのですから。

いくら自転車を漕いで体を絞ったといっても地面を蹴って絞ったのと自転車とでは全然、違います。これは大きな不安でした。

北京まで行ったのは、どんなレースになろうとも、ゴールで迎えてやろうと思ったからです。スタジアムには戻れませんでしたが、よくやったと思いますよ」

ちなみに「外反母趾」とは足の親指が小指のほうに向かっていく症状のことをいう。土佐は中学時代、バスケットをやっていた。その頃に発症したのだという。

翻って中足骨は足の甲の部分。疲労骨折にまでは至っていなかったが、ここに炎症を起こしていた。ある意味、五輪のスタートラインに立てたこと自体、奇跡だったのだ。

しかし、ＫＯされたボクサーのように途中でレースを退いた彼女を責めるのは酷である。マラソンランナーは文字通り身を削るようなトレーニングを続けてスタートラインに立つ。栄冠と故障は常に紙一重なのだ。

野口みずき、レース直前の辞退

五輪２連覇を目指していた野口みずきが出場辞退を発表したのはレース本番５日前のことだった。

原因は「左大腿二頭筋の肉離れ及び左半腱様筋の損傷」。要するに左太ももの肉離れだ。専門家に聞くと長距離ランナーが痛める箇所ではないという。

１５０㎝と小柄ながらストライドを目一杯広く取る走法は、自らも気がつかないうちに太ももの裏を蝕《むしば》んでいたのだ。要するに〝勤続疲労〟だ。

出場辞退に際し、野口は次のようなコメントを出した。

〈この４年間やってきた事は全て北京で走るためだっただけに、今も走りたい、走ろうという思いは消える事はありません〉

スタートラインに立つことはできたものの、およそ勝負できる体ではなかった土佐と開幕前にオリンピックを終えてしまった野口。二人に共通するのは凄まじいばかりの練習量である。そこまでしなければ勝てないとの悲愴な決意が破局に向かって彼女たちを追い込んでいったとしたら、これ以上の悲劇はない。

だが、そこまでの練習をこなしたからこそ、今の彼女たちがあるのもまた事実なのである。

何も把握していなかったJOC

五輪のマラソンには補欠制度がある。国際陸連における五輪出場規定ではA標準記録（2時間37分0秒）を突破している補欠選手は、レース前日の監督会議までに代表選手との変更が許可される。早い話、前日までなら代役を立てることができたのだ。それをなぜ解除したのか。そこが問題なのである。

女子の代表の補欠は08年1月の大阪国際女子で2位ながら日本人最先着の森本友。ところが7月30日の時点で日本陸上競技連盟は彼女を登録から外していた。

これでは何のための補欠制度なのかわからない。まして野口と土佐は2大会連続の出場なのだ。これまでの勤続疲労を考えれば不測の事態に備える必要があるのは当然だ。

それが危機管理というものだろう。

ところが陸連は野口のケガの状況はもちろん、土佐が約1カ月間、地面を蹴る練習をしていなかったことも把握していなかった。ある陸連幹部はレース後、こう声を荒らげた。

「土佐は外反母趾だと聞いていたけど、あんなに悪かったのか」

戦略上、所属チームや選手が故障の状況を匿すことは理解できる。ペラペラと何でもかんでも正直に告白すればいいというものではない。今の時代、すぐに情報は世界中を駆け巡る。

しかし3人の代表選手を「チームJOC（日本オリンピック委員会）」が個々の仕上がり具合はもちろんケガの状況について何も把握していなかったというのは致命的だ。

これでは選手発掘から強化に至るまで「所属クラブに丸投げ」と言われても仕方あるまい。もっと代表選手や所属チームの指導者たちとしっかりコミュニケーションをとり、情報を共有する必要があったのではないか。代表選手を選考するだけが陸連の仕事ではないはずだ。

結局、レースは20㎞過ぎに飛び出したトメスクが2位のキャサリン・ヌデレバ（ケニア）を20秒以上引き離して圧勝した。一向に上がらない気温がトメスクの独走を容易にした。
「スピードを上げたら誰もついてこなかったので驚いた」

トメスクは笑顔でそう答えた。運も彼女に味方したのだ。

レース直後、地面に突っ伏して頭を抱えたのが2位のヌデレバだ。彼女はトメスクが前にいたことをゴール近くまで知らなかったようだ。

先頭集団の中で周囲を窺いながら出入りを繰り返していたレース巧者のケニア人は、その出入りの激しさゆえに、はるか前を走るランナーに気がつかなかったのである。

「策士策に溺れる」とはこのことだ。

日本勢としては22歳の中村友梨香が何とか踏ん張り13位に入ったが、メダリストはおろか、ひとりの入賞者も出すことができなかった。

2種目連覇の陰にあった水着との死闘——北島康介

アテネに続き、北京の100m、200m平泳ぎを連覇した北島康介。当時、水泳界を席巻し、選手を惑わせていたのはある水着の存在だった。連覇を狙う北島も、その水着との闘いを余儀なくされていた。

「フラフラして倒れそう」

6月8日、東京辰巳国際水泳場。

水泳ジャパンオープン最終日。

男子200m平泳ぎで2分7秒51の世界新記録を叩き出した北島康介はプールから上がるなり、こう言った。英国製の水着のせいだ。

ライバルのブレンダン・ハンセン（英国）が2006年8月に出した記録を一気に0秒99も縮めた。しかも北京五輪開幕を2カ月後に控え、調整の意味合いの濃い大会で。だが、この日の主役は北島ではなく水着だった。侃々諤々《かんかんがくがく》の議論が続いていた「水着論争」にケリがついた瞬間でもあった。

このジャパンオープンでは3日間で世界新一つを含む17の日本新が誕生した。そのうち実に16が英スピード社製の水着レーザー・レーサー（以下LR）によるものだった。

10日、日本水泳連盟（以下・水連）は都内で常務理事会を開き、北京五輪に限り、日本代表選手が着用する水着をオープン化することを決定した。水連はこれまでミズノ、アシックス、デサントの国内3社と契約を交わしていたが、LRも事実上、解禁されることになったのだ。

これを受け、北島は自身のブログにこう書いた。

〈北京オリンピックでspeedoの水着を着用しようと思います。

この答えを出すまでには、正直なところとても悩みました。プロスイマーである僕を支えてくれているミズノは大切なパートナーですし、開発チームの努力も、痛いほどわかっているからです。

ですが、先日の記録更新という結果を冷静に受け止め、応援してくださる皆さんに、最高のパフォーマンスを見ていただくために、現段階での最善の選択をしたいと思います。（後略）〉

北島はミズノとの間でアドバイザリー契約を結んでいた。用具提供のみならず、資金的にも人的にも手厚いサポートを受けている。北京五輪ではミズノ社の水着で出場するのが筋だ。だが背に腹は代えられない。

ミズノも「北島康介、松田丈志、中野高選手が他社の水着を着たいと言った場合には認めたいと思います。今後もミズノの水着を着てもらえるように最善を尽くしますが、3選手が他社の水着を着る場合、違約金やペナルティなどは発生しません」と北島らの決断を追認するしかなかった。

英スピード社がLRを発表したのは08年の2月である。翌月、欧州選手権やオーストラリア選手権などでLRを着用した選手が立て続けに世界新をマークした。08年に入って北島も含め19の世界新記録のうち実に18がLRによるもの。

ここまでくれば何がしかの因果関係があると見るのが自然だ。とても偶然の産物とは思えない。

LRの凄まじい威力

ところが水連の動きは鈍かった。ある水連幹部は言う。

「まさかここまで水着の影響があるとは思わなかった。我々はその時点でもまだ〝日本製が一番いい〟と思っていた。LRの性能に気付くのが遅かったと言われれば、残念ながらそれは否定できません」

状況が一変するのは北京五輪日本代表選考会が終わった直後、JISS(国立スポーツ科学センター）で行われた合宿だ。ＬＲを着た選手たちが信じられないような記録を連発したのだ。

ソウル五輪男子１００ｍ背泳ぎ金メダリストの鈴木大地を育てたことで知られる競泳日本代表ヘッドコーチの鈴木陽二氏は言う。

「スピード社製の水着を持っていた選手がいたので試そうかということになった。ある男子背泳ぎの選手はこれまでの水着なら25メートルを12秒２で泳いでいた。ところがＬＲだと11秒７になるんです。背泳ぎはバサロは15メートルまでなんですが、ＬＲを着るとよく進むため、それ以上伸びてしまった。

またある自由形の選手は通常の水着だと50メートルを24秒４で泳いでいた。それがＬＲに替えた途端、23秒３ですよ。一気に１秒１も縮めてしまった。

そこでビデオで水中姿勢を確認すると、通常の水着とＬＲとでは全く違うんです。締め付けが強いので体積が小さくなるんです。それにより泳ぎが流線形になり、体がスッと伸びていく。それこそ体が浮いているように見えるんです。こんな水着は初めてでした」

着るのに30分、脱ぐときはフラフラ

そもそもＬＲとはいかなる水着なのか。関係者の話を総合するとＮＡＳＡ（米航空宇宙局）などの協力を得て開発したもので縫い目がなく、極薄で撥水性の高い素材を使用している。透けそうな部分の表面にはポリウレタンフィルムを貼り付け、泳ぎやすくしている。

「ＬＲの素材はパンストっぽい」という声もある。

さらには体を締め付けることで表面積を小さくし、水の抵抗を減らしている。従来の水着のコンセプトが、いかに体にフィットしているか、柔軟性があるかだったのに対し、ＬＲは水着の中に体を押し込むような作りになっている。これにより胸囲で５～６㎝、尻回りで２センチ、太腿回りで２～３センチ収縮するというデータもある。

再び鈴木コーチの証言。

「ＬＲは着るのに30分かかる。慣れても10～15分はかかるでしょう。はじめのうちは数人がかりで水着の中に人間を入れていた。何だかソーセージみたいな感じでしたね」

当時、金藤理絵（のちのリオ五輪金メダリスト）を指導していた東海大水泳部・加藤

健志監督兼ヘッドコーチにも話を聞いた。

「金藤は2~3人がかりで腿やお尻を水着にねじ込むような感じで着ました。感覚的には硬くて薄いストッキングをはくような感じでしょうか。皮膚をつまんで押し込んでいましたからね。

ジャパンオープンの時、3日間の大会で水着を着るのを手伝った子たちは摩擦で手の指の皮がむけちゃいました。選手もいろんな箇所が圧迫されるから、中には脱ぐと内出血していた選手もいた。

注意を要するのは水着を脱ぐとき。締め付けられた状態から一気に解放される。それにより血液が一気に脳に上がるんです。だからフラフラする。

たとえていえば、勢いよく水を出したままのホースの先をつまんだ状態からバッと手を離す。あんな感じですよ。海外では(LRを)脱いだ後に倒れた選手もいると聞きます。血管がもろい選手や一般の人は危険でしょうね。加圧式トレーニングの注意点に近いと思いますよ」

そこまで聞くと、冒頭の北島の言葉に合点がいく。仮に北京で金メダルを獲得したとしてもアテネ五輪の時のように「チョーキモチイイ」という言葉が彼の口から発せられることはあるまい。

北島はこうも語っている。

「自分の体に合っていないし、水着に水も入ってくるのに速い。水着は着やすさだけじゃないと勉強になった」

着づらいが速い――。ＬＲの特徴を一言で言えばこうなる。

「選手に聞くと、すごくきついのに動きやすいというんです。ポリウレタンのパネルどうしが大胸筋の動きに合わせて、左右に分かれるんです。臀部も左右に分かれている。要するに筋肉の動きに合わせてポリウレタンパネルが貼り合わせてある。だから泳ぎのテクニックがある選手ほどタイムを伸ばす傾向にある。これまで〝平泳ぎにだけは効果がないんじゃないか〟と言われていましたが、北島の世界新で、それも完全に否定されてしまいましたね」（前出・加藤コーチ）

合法と非合法の間

素朴な疑問がある。なぜ世界新連発の「魔法の水着」を国際水泳連盟（ＦＩＮＡ）は「合法」と認定したのか。

あるメーカーの幹部はこう言って首をかしげる。

「なぜＦＩＮＡの審査を通ったのか、今でもわからない。アメリカのメーカーには訴えを起こす動きもあると聞きます。というのもＦＩＮＡで認められる水着の条件として、普及率が高く世界中の選手が着られることがあげられている。

ところがＬＲは先進国の選手しか手に入れることができない。あの水着は大量生産できませんから。1着でも6万円くらいかかるでしょう。おカネのない選手は買えませんよ。アンフェアといえばアンフェアですね」

言うまでもなく国際水連は「推進力や浮力を与える用具」の使用を禁じている。だが基準となるときわめて曖昧で「合法」と「非合法」の境界線は常にグレーだ。アバウトなスポーツの代表格であるベースボールですら公式球の反発係数は「０・41〜０・44の範囲内」と定められているというのに。

一方でＦＩＮＡが定めた「推進力」や「浮力」には肝心の数値が示されていない。「ひとりひとり身長も体重も異なる人体では測定困難」との指摘もある。スピード社は「合法」と「非合法」の隙間をうまく突いたとも言える。

あまり知られていないことだが、実は07年11月、ＦＩＮＡは競技規約を一部改正している。これまで水着の表面に別の素材を装着することは禁じられていた。ところが生地をつないだり、透けて見える部分を隠す場合に限り「可」となったのだ。

これが鈴木、加藤両コーチが指摘した「ポリウレタンのパネル」である。禁止事項にある「推進力」はともかく「浮力」には抵触するのではないか、との指摘もあったが、国際水連は調査に乗り出す構えを見せただけで、スピード社に注文をつけることは一切なかった。

フンドシの時代には戻れない

ある水連関係者の話。

「スピード社の〝政治力の勝利〟との見方もできますね。同社はFINAのオフィシャルスポンサーであり、FINAに対して隠然たる力を持っている。しかも次の五輪の舞台はスピード社が本拠を置く英国のロンドン。スピード社としては北京で勢いをつけ、ロンドンに結び付けたいところでしょう」

世界中で〝ひとり勝ち〟の様相を呈しているスピード社に対しては何かと批判が多い。だが、果たしてこのメーカーだけを責められるのか。

というのも五輪の歴史は用具類の技術革新の歴史でもあるからだ。水着に限って見ても1960年代から70年代にかけては、まだスクール水着を改良した程度のものだった。それが80年代に入ったあたりから超極細繊維の水着にかわり、90年代に入り画期的な低抵抗素材を使った水着が登場する。水との摩擦抵抗を極限にまで減らす研究が進んだことで、いよいよ「ハイテク水着」の時代を迎える。

その象徴が2000年シドニー五輪を席捲した「サメ肌水着」だ。メダル総数の実に70％弱をミズノ社とスピード社が共同開発した「ファーストスキン」が占めた。

この水着は「サメ肌」というネーミングでもわかるように表面にはV字形の溝が刻み込まれていた。整流効果を高めるためだ。流水力学の結晶がこの「ハイテク水着」だったのである。

聞くところによると製品開発チームは実際にサメが泳いでいる姿を観察し、ウロコの形状まで事細かに調べ上げたという。

話は変わるが米国においてモータリゼーションが始まったのは20世紀初頭である。これにより市民生活の向上や産業振興が図られたが、当初から将来の環境汚染や広域犯罪の発生、事故の多発を懸念する声が相次いでいた。実際、そうした懸念のほとんどが現実のものとなった。

しかし、だからと言って再び馬車の時代には戻れない。有史以来、人類が手に入れた最先端の科学技術を手放したことは一度もない。競泳用水着についても同じことが言えるのではないだろうか。

その意味でミュンヘン五輪100m平泳ぎ金メダリスト田口信教氏の主張は的を射ている。

〈LRは棒高跳びで言えば、よくしなる棒のようなもの。着れば確かに効果はある。禁止されている「メカニカルスーツ」とはぎりぎりの線だろう。これは水着の進歩。記録が伸びるのはいいこと。業界や連盟で規制するのではなく、自由に研究開発や、選手が着たい水着を選ぶ権利を認めるべきだ〉（中日新聞08年6月7日付）

一方で「フジヤマのトビウオ」と呼ばれた古橋広之進氏の次のような意見もある。

「昔はフンドシをして泳いでいたんだよ。水着のことで騒ぎすぎじゃないか」

誰もがそんな牧歌を口ずさみたい。郷愁の中でまどろんでいたい。だが悲しいかな、我々は二度と「フンドシ」の時代には戻れないのだ。進歩の速度をより速める科学技術とどう折り合いをつけ、どう競技の発展に結びつけるか。今まさに、そこが問われているのである。

解せないのは、なぜ水連は国内3社とアテネ五輪後12年に及ぶ長期契約（2017年3月まで）を結んだのか。これはあまりにもリスクが大きい。先述したように科学技術の進歩は日進月歩であり、五輪のたびに新型の水着が登場しているのだ。

それをわかっていながら12年間という契約期間はあまりにも長過ぎる。企業にとっても長期契約はプラスにならない。開発意欲がそがれてしまうからだ。

決勝で水着を変えた鈴木大地

実は88年のソウル五輪でも直前になって水連の指定外の水着で出場した選手がいた。男子100m背泳ぎで金メダルを獲得した鈴木大地である。

経緯はこうだ。

〈私は当時、水泳チームの監督・コーチに事前にお伺いを立て、了解を得て水着をかえた。しかも連盟が認めた水着メーカー2社間での変更。「自分の好きな水着を着て、自分の結果に責任を持ちたい」と考えたからだ。気に入らない水着を着て結果が悪かった時に、水着のせいにしたくなかったのだ。

自ら背水の陣を敷いて追い込み、勝つしかない状況を作ることは、潜在能力を引き出す一つの手段だと、今でも信じている。「(結果が悪かったとしても)水着のせいにできない」(上野広治・五輪代表監督)。今回の決定で北京での日本水泳陣の活躍が、また一つの現実のものになったと予想している〉(毎日新聞08年6月13日付)

鈴木大地の金メダルは、今でも目に焼きついている。彼は秘策を胸に決勝に臨んだ。

レース前、コーチの鈴木陽二氏との間でこんなやり取りがあった。

「大地、オレたちが狙っているのはただのメダルじゃない。金メダルだ。そうだな⁉」

「もちろんですよ」

大地は手短かに返事した。

「21回のバサロを25回にしないか。そうすれば(バサロの距離が)5メートルは伸びる」

陽二コーチが作戦を伝授した。

だが大地は小さく首を振った。

「いや、27回で行きましょう。勝負するしかないでしょう」

隣のコースの本命デビッド・バーコフはプレッシャーに弱い。水面に浮上した時、ぴたっと隣にくっついていれば泳ぎが乱れるのではないか。ラスト25メートルまでついて行けば、きっとゴール寸前で逆転できる——。大地はそう読んだのである。

この作戦はズバリ的中した。2位のバーコフとのタイム差は、わずか0秒13だった。

鈴木陽二コーチの回想——。

「実はソウルでは男子はミズノ社製、女子はデサント製のアリーナと決められていた。大地は五輪の年の2月、ドイツのボンで行われた短水路の国際大会で世界最高（50m）を出していた。この大会にはバーコフやイゴール・ポリャンスキーなどソウルで金メダルを争う主だったライバルが皆、集結していた。その時に着用したのがアリーナの水着。つまり大地は験を担いだのです。予選まではミズノ社製、決勝だけアリーナにかえた。本当は許されないことでしょうが、競泳で決勝に残った日本人は彼だけ。監督もノーとは言えなかった。後々、関係者の間では物議をかもしたようですが、彼の金メダルへの執念が勝っていたということでしょう」

※2010年1月、FINAは水着の規定を変更し、魔法の水着、レーザー・レーサーの着用は禁止された。

備えあれば、奇跡あり――朝原宣治

金メダル12個を含む計41個のメダルを獲得した2016年夏のリオデジャネイロ五輪。あるホテル運営会社が会員向けに実施した「最も心に残ったメダルシーンは?」とのアンケートにおいて、男女ともに「陸上男子400mリレー」の銀メダルがトップだった。

100m、200mの世界記録保持者であるジャマイカのアンカー、ウサイン・ボルトがバトンを受け取った後、隣のレーンを走る日本のケンブリッジ飛鳥に目をやったシーンは、テレビで何度もリプレーされた。ケンブリッジのバトンが接触したのが理由だったとはいえ、なかなかお目にかかれるシーンではない。

この大会、3つ目の金メダルを胸に飾ったボルトはレース後、大健闘の日本チームを、こう称えた。

「ここ数年、無視できない存在であることを示した」

だが、この快挙は一朝一夕に達成されたものではない。この種目において、メダル獲得という、いわば初めての〝大気圏突入〟を果たした先輩たちの表彰台への執念が、今回の銀へとつながったと見るべきだろう。

想定外の雨

舞台は2008年の北京。8月21日、男子400mリレー予選が行われる北京国家体育場の上空には雨雲が立ち込めていた。

1組は次の8チーム。アメリカ、トリニダード・トバゴ、ナイジェリア、オランダ、南アフリカ、ポーランド、ブラジル、日本。このうち、自動的に決勝に進めるのは上位3チーム。4位と5位は2組の結果を待たなければならない。日本の実力を考えれば、決して低いハードルではなかった。

アンカーの朝原宣治は、チーム最年長の36歳。このシーズン限りで現役を引退する腹を決めていた。五輪で400mリレーに出場するのは96年アトランタ、00年シドニー、04年アテネに続いて、これが4大会目である。

日本選手団の高野進監督は、1走・塚原直貴、2走・末續慎吾、3走・高平慎士、そして4走・朝原からなるこのユニットを「チーム朝原」と呼んでいた。

朝原と塚原との間には13歳もの年齢差があった。彼らは敬意と親愛の情を込めて、朝原を「おとうさん」と呼んだ。

おとうさんのために、なんとしてもメダルを——。

経験豊富な朝原も雨は想定外だった。ロケット弾で雲を蹴散らしたことで、大会期間中、北京の中心部に雨は降らないとの報道もあったためだ。

「正直言って、〝嫌だな〟という思いはありましたよ。ウォーミングアップの時にはまだ降っており、地面は濡れた状態でしたから」

しかし、この雨が日本チームを利するのだから、勝負というものはわからない。

自前で用意した白いテープ

明暗を分けたのは〝準備力〟の差だった。日本は走路に貼るテープをあらかじめ用意していた。

走者から次走者へのバトンパスは20メートルあるテークオーバーゾーンの中で行われる。ゾーン内でバトンを渡せなければ失格となってしまう。

といって、次走者はバトンが来るまで、じっと待っているわけではない。テークオーバーゾーンから10メートル手前で待ち、助走しながらバトンを受け取る。

では、どの位置から助走を始めるか。その目印として走路上にテープを貼る。朝原の場合、23足長《そくちょう》、距離にして約7メートル手前にテープを貼っていた。走者がこの位置に達した瞬間、次走がスタートを切るのだ。

だが、全ての大会でテープが用意されているとは限らない。日本チームは、その点を心配した。

振り返って、朝原は語る。

「もしかしたら（テープが）配られないんじゃないか、という不安はありました。緊急の事態に備えて、自前のテープを用意しようと。競技場に入る前に取り上げられたりしてはいけないので、僕はスパイクのつま先にグッと押し込んで持ち込みました」

オフィシャルが用意したテープはプラスティック製で色はシルバーだった。翻《ひるがえ》って日本は白だった。これが功を奏した。

1組では本命のアメリカがバトンを落とすなど4チームが失格する波乱となった。2組でもダークホースのイギリスがバトンを落とすなどして失格。計6チームが混乱の中、記録なしに終わったのだ。

失格したイギリスチームのクレイグ・ピッカリングは敗因をこう口にした。

「銀色のテープが、水の反射で光って見えなかった……」

備えあれば、憂いなし——日本は予選をトリニダード・トバゴ、ジャマイカに次ぐ全体3位で通過した。

陸上短距離初のメダル

決勝はこの25時間後に行われた。夜の10時過ぎという遅いスタート。アメリカ東海岸の朝10時台に合わせたためだった。

「こんなチャンスは、もう二度と巡ってこない……」

アンカーの朝原は2位でバトンを受け取った。トリニダード・トバゴに抜かれたが、全く気づかなかった。

「ぼんやり通り過ぎていく感じ。それだけ集中していたんだと思います」

フィニッシュした時点で順位はわからなかった。電光掲示板を見て初めて3位だと確認できた。

夢にまで見たメダルである。

「気がつくと高平と抱き合っていましたね」

それは五輪史上、日本が陸上・短距離種目で初めて獲得したメダルだった（のちに銀に繰り上げ）。

ところで、朝原の妻は1992年のバルセロナ五輪シンクロナイズドスイミングの銅メダリスト、奥野史子である。

「メダルだけが競技じゃないわ」

そんな慰めの言葉が、朝原はずっと気に入らなかったという。

「上から目線。クソー、メダル獲ったヤツが言うなよって（笑）」

※北京の銅（のちに銀）メダルなかりせば、リオの銀メダルはなかっただろう。今や男子400mリレーは、日本のお家芸である。

蘇った小さな巨人——竹下佳江

「あなたはもういらない」

人間、こういわれるほど辛く悲しいことはない。

自らの存在が否定されるばかりでなく、居場所すら失われるのだ。

「あのときは心も体もボロボロでした」

苦い記憶を噛み殺すように竹下佳江は言った。

２０００年6月、女子バレー日本代表はシドニー五輪出場を逃した。女子バレーが五輪の正式競技になって以降、日本は不参加のモスクワ五輪を除き、それまで8大会連続出場を果たしていた。64年東京五輪、76年モントリオール五輪では金メダルに輝いた。84年ロス五輪では銅メダルを獲得した。

女子バレーは、いわば日本のお家芸であり、晴れの舞台は五輪のコートを措いて他にはなかった。

その命脈が絶たれてしまったのだ。伝統は汚され、女子バレーの威信は地に堕ちた。

戦犯は誰か――。真っ先に名指しされたのが１５９㎝のセッター・竹下佳江だった。

「あの身長では世界とは戦えない」

バレーボールにおける最大のアドバンテージは高さである。実際にコートに立ってみるとわかるが、２２４㎝のネットが与える威圧感は決して小さなものではない。

セッターといえども、近年は大型化が目立つ。ロシアのマリナ・アクロワは180cm、中国の馮坤《ヒョウコン》は183cmもある。

ロス五輪銅メダルの立役者・中田久美も176cmの長身だった。しかも彼女にはサウスポーというアドバンテージがあった。

高い打点でトスを上げることができれば、攻撃はよりスピーディーなものとなる。反対に低い位置から上がるトスを待っていたのではスパイカーは仕事にならない。相手はその間に、しっかりと守りを固めてくるだろう。必然的にブロックされる可能性も高くなる。

背の低いセッターは相手からも狙われやすい。背の低いセッター1人をブロックで跳ばせるのは攻撃のイロハのイ。強いチームは敵の傷口にシオをすり込むように攻めてくる。

自らの存在を否定された竹下佳江は、一時期、人間不信に陥った。言い返したいことは山ほどあった。だが、シドニー五輪予選敗退という現実の前では、どんなに理にかなった説明も単なる言い訳に過ぎない。

それならばと竹下は口をつぐんだ。やがて所属していたNECを辞め、生まれ故郷の北九州に帰った。

「バレーのことはもう考えたくない」

傷心の竹下は生まれ故郷でショッピングをしたりビーチバレーなどをして過ごした。

竹下の回想——。

「あの時は本当に苦しかった。〝世界では必要のない選手〟と見なされたわけですから。自分は本当にバレーが好きで、高校を卒業してすぐに企業に入り、休む間もなくやってきた。自分が生きていく場所を探し続けてきました。自分でもよく頑張ってきたと思います。

それだけに『好きなだけじゃダメなのか』と考えることが本当に辛かった。バレーは嫌いじゃないけど、もう自分は無理なんだなと。そりゃ、辛かったですよ、苦しかったですよ。でも自分には居場所がなかったんです」

竹下は小学2年生でバレーボールを始めた。中学3年で今の身長（159㎝）に達した。高校レベルまでならともかく、実業団、さらには日本代表入りを目指すとなれば、この身長では苦しい。

何とかして背が伸びないものか。

「たとえば週刊誌の裏に〝背が伸びるよ〟みたいな広告が載っているでしょう。それを見つけては取り寄せたりしました。

中身といっても、体操をして体が柔軟になれば背が伸びるよ、といった程度のものですが、一応やりましたよ。『これで伸びたら、自分はどれだけすごくなるんだろう』なんて思いながら。でも、すぐにやめちゃいましたね。効果もなかった。自分ではもうちょっと伸びると期待していたんですが、中3で止まっちゃいましたね」

――朝起きたら身長が10㎝伸びていた、なんて夢を見たことは？

「さすがに夢を見たことはありません。でも自分の身長があと10㎝高かったら、どれだけブロックを止められるんだろうとかはよく考えました。

でも逆にこれだけ動けていたかなァと思うこともあります。もしあと10㎝高かったら、今のようにバレーボールのことを真剣に考えず、のほほんとやっていたかもしれない。むしろ、そちらの方が恐ろしいですね」

JTからの誘い

捨てる神あれば、拾う神あり。

故郷にいた竹下のもとに1本の電話がかかってきた。V1リーグ、JTマーヴェラスの一柳昇監督（当時）からだった。

「ぜひお会いしたい」

一柳は部長をともなって北九州にまでやってきた。

「あなたは必要な選手だ」

開口一番、一柳はそう言った。

傷ついた心の歯車がカタンと音を立てた。

しかし、歯車が動き出すには、まだ時間が必要だった。竹下の傷ついた心は、まだ完全に癒えていなかった。

「やりたくありません」

せっかくの誘いを、にべもなく断った。

それに懲りることなく、一柳は何度も何度も北九州に足を運んだ。

氷が溶けるように、徐々にではあるが、心が癒されていくのがわかった。

「お世話になります」

一柳が入団の快諾を得たのは、初めて竹下のもとを訪れてから約3カ月後のことだった。


一柳はJTを率いて6年目のシーズンを迎えようとしていた。自らもセッター出身ということもあり、早くから竹下の能力に目をつけていた。

また当時のJTにはセッターが西堀育実だけしかおらず、Vリーグに昇格するためには竹下の能力とキャリアが必要だと考えていた。

一柳の回想——。

「最初に会った時の竹下は人の前に出るのも嫌がっているような印象でした。『もうバレーボールはやりたくない』とも言っていました。そこで私は『ウチでもう一度やってくれないか?』と頼みました。口説き文句? それは『キミの能力をいかすためのセッター練習をやりたい』というものです」

そこまで一柳が竹下に入れ込んだ理由は何だったのか。

「彼女は動物的な反応ができる選手なんです。たとえば普通のセッターはトスを上げる時、ヒザを曲げてボールの下に潜り込む。つまりボールの下に腰がある。これが基本なんです。

ところが彼女はボールに触った瞬間、もう腰が入っている。あるいは床から1mしか上がっていないボールをバックステップを踏みながら入っていくことができる。普通の選手がこんなことをやったら、腰を打ったり頭を打ったりするのがオチです。しかし、彼女に限って、そんなシーンは見たことがない。

これは当時の私が考えていたことですが、彼女ほどの身体能力があればコートの3分の2近くの面積でトスが上げられる。1日1cmでもトスを上げる範囲が広がれば、10日で10cm広がるわけです。そのことをはっきりと彼女に言いました。

昔はセッターというと柳のようにヒラヒラと柔軟にプレーするのが理想だと言われていた。でも今、世界と戦うためには攻めるセッターが必要です。そうでなければ、スパイカーの勢いが出てこない。竹下こそはそんな攻めのバレーの適任者だと私は思っています」

一度は「もういらない」と言われた人間だからこそ、「あなたが必要だ」との言葉には心が動いた。

自分の居場所

自分の存在感。

自分の存在価値。

そして自分の居場所。

竹下は、ずっとそこにこだわり続けてきた。

「高校を卒業する時、私には、『どうしてもトップのチームでやりたい』という思いがあった。でも、いざ入社が決まると、まわりの人から『あなたは身長も低いし、コートに立てるかどうかわからないわよ』と言われた。『何言ってるの、この人たち。絶対に自分はチャンスを掴んでみせる』。心の中で、こう言い返しました。

ずっとやってきて、それなりに結果も出せたし、優勝もした。しかし、それでも常にどこかに『ここで自分は必要とされているのだろうか……』という思いがあったんです。だから一柳さんに『あなたが必要だ』と誘われた時には、『よし、必要としてくれる人のもとでもう一度頑張ろう』という気持ちになったんです。何度も何度も『あなたが必要だ』と言ってもらったものですから……」

チームにとって必要な選手――それこそはセッターにとって最高のレゾン・デートル（存在証明）であった。

実際、JTに入ってから、竹下は午前と午後で2時間はトス練習に費やした。一柳も、1日500球はトス用のボールを上げた。ボール1個分、普段はトスを上げられない位置に投げると、竹下は「ギャーッ！」と悲鳴をあげたという。

「斜め後ろにもボールを投げました。トスを上げるには、まずボールの下に潜り込まなければならない。彼女はネット際から斜め後ろのコートサイドにまで走っていき、そこからトスを上げていました。転びながらでもトスを上げるんです。こうして、日一日、彼女はトスを上げられる範囲を増やしていったんです」

聞いているだけで壮絶な練習風景が浮かんでくる。指導する側も必死なら、指導を受ける側も必死だった。

右手親指へのこだわり

竹下は07年1月、リーグ戦でリベロの菅山かおると接触、右手親指を脱臼した。

「親指がありえない方向に反り返っていたので、脱臼しているなとはすぐわかりました」

ケガの直後、本人はそう語っている。すぐに手術し、ケガは完治したが「まだ感覚は戻っていない」状態だ。

「去年は自分でも本当にいいパフォーマンスができたと思っているんで、余計に『こんなはずじゃない』とイライラしますね」

負けん気の強さが、ほんの少し顔をのぞかせた。

バレーボール選手、とりわけセッターは指先の感覚が大切である。大げさではなくミリ単位でボールを操る。

「スパイカーには高いトスを得意とする者、速いトスを得意とする者、ネットに近いトスを得意とする者など、いろいろいるんです。そこは常にこちらで計算しなければいけない。ちょっと指先の感覚が狂うだけでトスが短くなったり、長くなったりしてしまうんです」

トスを上げる際、竹下が頼みとするのが右手の親指である。そこを脱臼してしまったのだ。レントゲン写真では「異常なし」でも、狂った指先の感覚は本人にしかわからない。それが彼女を苛立たせる。

「私にとって右手の親指はトスを上げる際の軸なんです。バレーボールの基本は親指、人差し指、中指で（トスを）上げるんですけど、私は親指を重視している。セッターによっては『人差し指の方が大切』という人もいますけどね。

ケガをしてから余計に右手親指の重要性がわかるようになりました。ケガをしてからというもの親指が反らないいんです。だから（トスを上げる際に）間合いをつくることができない。クッションがきかない状態なんです」

親指へのこだわりはセッターという専門職へのこだわりに通じる。そこから見えてくるのは職人としての彼女の生き様である。

「あとでビデオを観ると、解説者の言っていることと自分が思っていることが違っていることが随分あります。『この選手には近いトスがいい』と判断して自分は上げているのに、まわりは逆のことを考えていたりする。

柳本晶一監督も同じセッター出身なので、セッターに対するこだわりはすごいものがあります。基本的にセッターはアタッカーをいかしていくら、という仕事。そのためにトス回しや組み立てがある。それに対する考えは基本的に私も同じです。

しかし、最後は後悔したくないので、自分が思うように上げさせてもらっています。実際にベンチから指示が出ている時は、それに従いますが……。

いずれにしても、日本は日本らしいバレーをしなければ世界では勝てない。今、世界ではヨーロッパのオーソドックスなバレーが主流になっていますが、その中で中国がトップにいるのは速さや正確性でヨーロッパに勝っているからだと思うんです。

その中国に先のアジア選手権では3対0のストレートで勝ちました。これは大きな自信になりました。チームとしての組織力があれば、中国を相手にしても十分戦えるということです。緻密で確実に点を取るバレー。結局のところ、これを追求していくしかないんじゃないでしょうか」

そして、こう続けた。

「ヨーロッパでは190cmの選手なんて今や珍しくない。日本でいくら大きいと言われる選手でも、世界に出ていけば中くらいの大きさです。その意味ではミスが少なく、トータルに動ける選手でなければ、日本らしいかたちをつくることができない。私にとって今度がオリンピックを目指す最後のチャンス。キャプテンとして死に物狂いでやりたいと思っています」

北九州に住む竹下の父・菊雄さんは椅子職人である。

竹下は小さい頃から、父親が働く姿を見てきた。

「父は仕事人間。工場で指を切っても、病院から帰ると、また仕事をしている。夏場、工場は40度にもなるんです。その中でボンドやシンナーを使うと、気分が悪くなって戻したりしている。それでも仕事をやり続けるんです。何事も、最後までやり切らないと気が済まない性分なんでしょうね」

――あなたの性格は父親譲り？

そう問うと、彼女はかすかに笑った。

「プライドを持ってやっている、そういう意味では似ているかもしれませんね」

父親からはしょっちゅう電話がかかってくる。29歳のキャプテンは自慢娘でもある。

「この前なんて『昼からの仕事を2回も失敗した。歯痒い』なんて私に言うんです。『なんで、私に電話するの』って、もうそんな感じ。失敗した自分が許せないんでしょう」

彼女の職人魂はきっと父親から受け継いだものなのだろう。右手親指へのこだわりこそはその証拠である。

※12年のロンドン・オリンピックでの日本女子バレーは、84年のロス五輪以来、28年ぶりとなる銅メダルを獲得。小さなセッター・竹下佳江の存在なしにこの快挙はありえなかった。

PART3
■2000　シドニー・オリンピック
美しき破壊者――『マッチレース　高橋尚子の「勝負の分かれ目」』月刊現代2000年11月号
世紀の大誤審――『奪われた金メダル』ビッグコミックオリジナル2017年1月5日号
■2004　アテネ・オリンピック
どん底から掴んだ金メダル――鈴木桂治『自然体の歓喜、求道者の苦悶』Number 2004年9月16日号
水しぶきを血しぶきに――井村雅代　『水しぶきを血しぶきにかえた“凄絶の美”』VISA 2004年11月号
■2008　北京オリンピック
ギャンブルに勝った男――『太田雄貴「勝負の分水嶺」を語る』月刊現代2008年11月号
死闘を制した修羅場の戦術――『ソフトボール斎藤春香監督が明かす「ベンチの科学」』月刊現代2009年1月号
女子マラソンの悲劇――『この目で見た「土佐礼子棄権」の全ドラマ』月刊現代2008年10月号
2種目連覇の陰にあった水着との死闘――『北島康介「高速水着で金メダル」の可能性』月刊現代2008年8月号
備えあれば、奇跡あり――『4人の侍の“準備力”』ビッグコミックオリジナル2017年3月5日号
蘇った小さな巨人――『竹下佳江再生秘話　蘇ったトス。』NumberPLUS 2007年12月号

初出一覧

PART1

■1980　モスクワ・オリンピック

消えたモスクワ五輪——『幻のモスクワ五輪　1979年の瀬古vs宗兄弟を語ろう』週刊現代2019年8月24／31日号

■1984　ロサンゼルス・オリンピック

奇跡の金メダル——『ドキュメント84年8月7日、ロス五輪金メダルは国際化の第一歩だった。』Number 1994年 4月28日号

謝罪の銅メダル——『キャプテンに訊け』 ビッグコミックオリジナル2019年11年5月号

■1988　ソウル・オリンピック

計算された大博打——『秘密作戦、浮上せり!』ビッグコミックオリジナル2017年6月5日号

PART2

■1992　バルセロナ・オリンピック

「あのケガで負ける気がしなくなった」——『古賀稔彦　無念無想の一本背負い』月刊現代1992年12月号

「こけちゃいました」の記憶——『しくじり先生、誰も恨まず憎まず』アサヒ芸能2019年11月7日号

「ファイナリスト」を広めた男——『「無酸素」に挑んだファイナリスト』アサヒ芸能2019年9月12日号

■1996　アトランタ・オリンピック

そのとき奇跡が起こった——『日本サッカーの記録的勝利、アトランタの奇跡回想記。』ターザン1999年9月号

有森裕子を襲った大会1カ月前の地獄——『有森「銅メダル」一ヵ月前の地獄』月刊現代1996年10月号

■1988　長野オリンピック

悪夢と歓喜の4年越しのドラマ——『長野五輪ジャンプ団体戦、壮絶な大逆転劇の記憶。』ターザン1999年12月号

二度とない重圧の300日　『「覚悟」の金メダル』ビッグコミックオリジナル2019年9月5日号

編集協力　松山 久
編　　集　飯田健之
DTP制作　三協美術
協　　力　株式会社スポーツコミュニケーションズ

歓喜と絶望のオリンピック名勝負物語
2021年4月7日　第1版第1刷

著　者　二宮清純
発行者　伊藤岳人
発行所　株式会社廣済堂出版
〒101－0052　東京都千代田区神田小川町
2－3－13　M&Cビル7F
電話 03-6703-0964（編集） 03-6703-0962（販売）
Fax 03-6703-0963（販売）
振替 00180-0-164137
https://www.kosaido-pub.co.jp

印刷所
製本所　株式会社廣済堂

装　幀　株式会社オリーブグリーン
ロゴデザイン　前川ともみ＋清原一隆（KIYO DESIGN）

ISBN978-4-331-52289-9 C0295